HISTOIRE DU
CHRISTIANISME

Icônes
orthodoxes
russes

Chef de chorale
de l'Armée
du Salut jouant
de la trompette

Bénitier

Vierge à l'Enfant
(fragment de vitrail)

Corne de
Saint-Hubert

Crosse
d'un abbé

Maquette
du *Mayflower*

HISTOIRE DU
CHRISTIANISME

Par
Philip Wilkinson

Photographies de
Steve Teague

LES YEUX DE LA DÉCOUVERTE
GALLIMARD

Ange tenant
un encensoir
(sculpture)

Gargouille

Encensoir sur
son piédestal
et boîte à encens

Saint Joseph
et l'Enfant
(sculpture)

Pain et coupe (« calice »)
pour la célébration de la Cène

Rosaire orné
de médailles

Médaille
d'un rosaire

Maquette
d'une église
baroque

Comité éditorial

Londres :
Linda Martin et Linda Esposito

Paris :
Christine Baker, Thomas Dartige et Eric Pierrat

Collection créée par
Peter Kindersley et Pierre Marchand

Pour l'édition originale :

Édition : Andrew Macintyre
et Annabel Blackledge
Responsable artistique : Kate Mullins
Maquettiste PAO : Siu Yin Ho
Maquette : Clare Shedden et Jane Thomas
Iconographie : Angela Anderson, Bridget Tily
et Claire Bowers
Fabrication : Eric Rosen
Conseillers : Annette Reynolds et Jon Reynolds

Édition originale parue sous le titre :
Eyewitness Guide *Christianity*

Édition française
traduite et adaptée
par Dominique Barrios-Delgado
Édition : Barbara Kekus, Octavo, Paris
Responsable éditorial : Éric Pierrat
Préparation : Eliane Rizo
Correction : Sylvette Tollard,
Emmanuel de Saint-Martin et Isabelle Haffen
Index : Isabelle Haffen
Montage PAO : Barbara Kekus, Octavo
Maquette de couverture :
Raymond Stoffel
Photogravure de couverture : IGS (16)

ISBN 2-07-055228-4
Copyright © 2003 Éditions Gallimard Jeunesse, Paris
Loi n° 49-956 du 16 juillet 1949
sur les publications destinées à la jeunesse

Dépôt légal : octobre 2003
Numéro d'édition : 120728

Imprimé en Chine par
Toppan Printing Co. (Shengen) Ltd

SOMMAIRE

Abbé en vêtements liturgiques

AU COMMENCEMENT

La Bible commence par le récit de la création du monde et l'histoire des origines du peuple juif. Les livres de la Bible, qui forment ce que les chrétiens appellent l'« Ancien Testament » – la « Torah » des juifs –, ont été écrits par des rédacteurs juifs, bien avant la naissance de Jésus. Ils décrivent comment Dieu a fait alliance avec le peuple juif et montrent qu'il a noué avec eux une sorte de pacte. Pour les chrétiens, l'Ancien Testament est une préfiguration, l'annonce d'événements qui se produiront plus tard, quand Jésus viendra apporter le salut à tous.

Adam et Eve au jardin d'Eden. Sculpture du IVe siècle

LE FRUIT DÉFENDU
La Genèse (premier livre de la Bible, p. 20) nous raconte comment Dieu a créé le ciel, la terre, l'eau, les plantes, les animaux et les hommes : Adam et Eve. Dans le jardin où Dieu les avait placés, ils pouvaient manger de tout, sauf du fruit d'un certain arbre.

L'ENNEMI DANS LE JARDIN
Satan (p. 27) était l'ennemi juré de Dieu. Selon le récit biblique, l'habile tentateur qu'était le serpent du jardin d'Eden (Satan déguisé, disent des écrivains juifs anciens) persuade Eve de manger le fruit défendu. Dans le Nouveau Testament, Satan viendra aussi tenter Jésus.

Le « serpent » décrit dans la Genèse est souvent représenté comme un serpent venimeux très réaliste, comme ce cobra.

Le fruit défendu est généralement figuré sous la forme d'une pomme.

LE PÉCHÉ ORIGINEL
Eve fut tentée. Elle mangea le fruit défendu et Adam en fit autant. Dieu, que leur désobéissance avait mis en colère, les chassa alors du jardin d'Eden. Pour les chrétiens, leurs descendants (tous les humains) furent marqués par ce « péché originel ». Seul Jésus-Christ allait offrir à l'humanité un chemin de salut, donnant la possibilité d'une vie éternelle avec Dieu.

Satan et saint Michel. Peinture du XIIe siècle

Saint Michel pèse les âmes pour savoir qui mérite l'enfer et qui mérite le paradis.

Satan

La colombe rapporte un rameau pour montrer que les eaux du Déluge sont redescendues.

Noé et sa famille dans l'arche. Mosaïque

LE DÉLUGE

Un récit de la Genèse nous raconte comment Dieu, voyant que la méchanceté et la violence ont envahi le monde, décide de le détruire par une grande inondation, le « Déluge ». Seul Noé est assez bon pour échapper à la catastrophe. Il construit un grand bateau et s'y réfugie avec sa famille et un couple de tous les animaux dont l'espèce doit survivre. Ainsi Noé est-il, après Adam, le second « père » du genre humain.

« N'étends pas la main contre l'enfant ! Ne lui fais aucun mal ! Je sais maintenant que tu crains Dieu », dit l'Ange du Seigneur à Abraham.

(GENÈSE 22, 12)

C'est un bélier qu'Abraham a sacrifié, à la place de son fils Isaac.

LE SACRIFICE

Abraham avait reçu l'ordre d'offrir son fils Isaac en sacrifice. Il allait le faire quand l'Ange du Seigneur arrêta son geste et lui indiqua un bélier à sacrifier. Pour les chrétiens, cette histoire préfigure le sacrifice de Jésus, qui s'est lui-même offert à Dieu.

Le prophète Daniel. Vitrail de la cathédrale d'Augsbourg

Le prophète Isaïe. Vitrail de la cathédrale d'Augsbourg

Moïse. Vitrail de la cathédrale d'Augsbourg

GRANDS HOMMES

Beaucoup de récits de l'Ancien Testament parlent des grands personnages du peuple juif, comme Abraham que choisit Dieu, ou Moïse qui libéra le peuple de l'esclavage et le mena en Terre promise. On y trouve aussi les écrits de prophètes comme Isaïe ou comme Daniel, qui ont annoncé la venue du Messie sauveur.

DES DÉBUTS MODESTES
Marie et Joseph se trouvaient à Bethléem au moment de la naissance de Jésus (la « Nativité »). Toutes les auberges étant pleines, Jésus est né dans une étable où ses parents avaient trouvé refuge.

LA NAISSANCE DE JÉSUS

Les Évangiles (p. 21) nous racontent comment une jeune fille nommée Marie donna naissance au Christ Jésus, à Bethléem. Les disciples du Christ (les « chrétiens ») croient que Jésus est le fils de Dieu, annoncé par les prophètes de l'Ancien Testament et venu pour sauver les hommes du péché. L'idée que Dieu s'est ainsi fait homme est appelée l'« incarnation ».

Le mot indique que Dieu, qui est Esprit, s'est fait chair. La naissance de Jésus marque l'origine du christianisme.

Les anges représentés sur ce retable (p. 51) du XVIᵉ siècle jouent des instruments courants à cette époque.

Marie est traditionnellement représentée vêtue de bleu.

MADONE À L'ENFANT
Les statues de Marie, la « Madone », tenant l'Enfant Jésus rappellent le rôle important que joue Marie dans l'histoire du christianisme : elle est un lien entre le monde terrestre et le monde spirituel.

Le Saint-Esprit est souvent représenté sous la forme d'une colombe.

Mosaïque moderne de l'église d'Old Plaza, en Californie, (Etats-Unis)

L'ANNONCIATION
L'Evangile de Luc nous raconte que l'ange Gabriel est apparu à la jeune vierge Marie pour lui annoncer qu'elle allait être enceinte. L'ange lui explique qu'après avoir été visitée par le Saint-Esprit, elle va donner naissance au fils de Dieu ; il sera roi pour toujours. Cet enfant sera nommé Jésus.

Jean porte un écriteau où l'on peut lire en latin : « Voici l'agneau de Dieu ».

Jean est vêtu du vêtement typique d'un prophète, une tunique en poil de chameau.

JEAN LE BAPTISTE
Jean menait la vie d'un prophète et d'un prédicateur, encourageant le peuple à se repentir et à recevoir le baptême. Sa prédication ouvrait la voie à Jésus, qui se fit lui-même baptiser par Jean dans le Jourdain.

Statue de Jean-Baptiste par Donatello (1386-1466)

BONNE NOUVELLE
Luc, dans son récit de la Nativité, raconte que des anges apparurent aux bergers, qui se trouvaient dans les champs voisins de Bethléem, et leur annoncèrent la naissance du nouveau roi. Les bergers vinrent alors lui rendre hommage. Le récit montre que la naissance de Jésus est un événement de première importance pour tous les hommes.

*Dieu observe,
du haut du ciel.*

À LA SUITE DE L'ÉTOILE

L'Evangile de Matthieu
raconte que des « mages »,
c'est-à-dire des sages,
sont venus d'Orient
jusqu'à Jérusalem, à
la recherche du
nouveau roi dont ils
avaient vu l'étoile.
Le roi Hérode les
envoya à Bethléem,
où ils trouvèrent
l'Enfant Jésus.

Les mages et Jésus.
Pendentif du XIVe siècle

Or

Encens

Myrrhe

PRÉSENTS ROYAUX

Les mages rendirent hommage à Jésus
et lui offrirent trois présents : de l'or,
de l'encens et de la myrrhe. On y a vu
parfois les symboles de la royauté, de
la divinité et de la passion.

*Les bergers
gardent leurs
troupeaux.*

Vitrail du
XVe siècle,
cathédrale
d'Ulm, en
Allemagne

RIVALITÉ

Le roi Hérode dépendait du
pouvoir romain. D'après
Matthieu, il voulait se
débarrasser de Jésus, en qui il
voyait un rival pour son trône.
Hérode fit donc tuer tous
les enfants de moins de
deux ans à Bethléem.
Mais Dieu en avertit
Joseph, qui s'enfuit
à temps avec Marie
et l'Enfant.

*Marie, Joseph
et l'Enfant Jésus*

Retable en terre cuite
vernissée de Giovanni
della Robbia (1521)

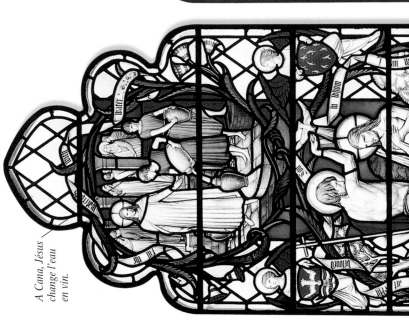

L'ENSEIGNEMENT DE JÉSUS

Le ministère de Jésus – la période pendant laquelle il a enseigné – n'a pas duré plus de trois ans, mais il a eu une influence immense. Durant cette brève période, Jésus a prêché, enseigné et fait des miracles à travers la Terre sainte, particulièrement dans les villages de Galilée, autour du lac de Génésareth (Tibériade). Jésus savait expliquer de sorte que tout le monde comprît. Son enseignement attirait beaucoup de gens car il avait une façon toute nouvelle de parler du royaume de Dieu. Il le proposait à tous, pauvres, malades ou méprisés, s'ils étaient prêts à se détourner du péché, et à croire en lui.

PÊCHEURS D'HOMMES
Comme le montre cette mosaïque italienne, André et Simon étaient des pêcheurs. Jésus les appela pour qu'ils le suivent et soient ses disciples. Il leur annonça qu'ils seraient désormais des « pêcheurs d'hommes », pour gagner de nouveaux disciples.

LE FILS DE DIEU LUI-MÊME
Les Évangiles nous décrivent comment, lorsque Jésus fut baptisé (p. 58), le Saint-Esprit vint sur lui sous la forme d'une colombe; la voix de Dieu se fit alors entendre avec ces mots : « Celui-ci est mon fils bien-aimé. » Cet événement, représenté sur une mosaïque du Ravenne datant du Ve siècle, marque le début du ministère de Jésus.

LE BERGER
Ce vitrail de la cathédrale Saint-Albans, dans le Hertfordshire (en Angleterre), représente des moments clés de la vie de Jésus : son baptême, le miracle de Cana et la crucifixion. En bas, à droite, on voit Jésus représenté en berger; ce symbole est utilisé par Jésus lui-même pour dire qu'il prend soin des hommes.

A Cana, Jésus change l'eau en vin.

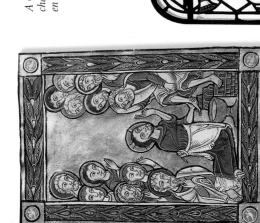

UN CHEF HUMBLE
Jésus a appelé douze disciples à le suivre en quittant tout pour être ses compagnons les plus proches. Ils devaient poursuivre son œuvre après sa mort. En lavant les pieds de ses disciples, comme le montre cette enluminure d'un manuscrit français, Jésus leur enseigne à être humble comme il l'est lui-même.

DU PAIN POUR LA FOULE
Le miracle de la multiplication des pains est le seul que nous racontent les quatre Evangiles. Jésus a prêché toute la journée et beaucoup veulent l'entendre. Comme ils sont loin de la ville et fatigués, Jésus a pitié d'eux et, avec cinq pains et deux poissons, donne à manger à tous en abondance.

Jarres en terre cuite

L'EAU CHANGÉE EN VIN
Le premier miracle de Jésus nous est raconté par Jean. Il eut lieu au cours d'un banquet de noces à Cana, en Galilée. Il n'y avait plus de vin. Jésus dit aux serviteurs de remplir d'eau six jarres, et quand ils versèrent le liquide des jarres, l'eau était devenue du vin. Et du vin si excellent que les invités s'en étonnèrent.

LES MIRACLES

Les Evangiles racontent de nombreux miracles opérés par Jésus, qu'il s'agisse de donner à manger ou d'agir sur la nature, comme d'apaiser une tempête ou de marcher sur les eaux. Mais le plus souvent, il s'agit de guérisons. Soit que Jésus guérisse des maladies physiques comme la lèpre ou la paralysie, soit qu'il « chasse les démons » des maladies mentales. Nous voyons même trois fois Jésus ressusciter quelqu'un.

PAYER LES IMPÔTS
Certains membres de la secte des pharisiens tendirent un piège à Jésus pour le mettre en difficulté avec l'autorité romaine sur la question de la légitimité des impôts. Jésus répondit qu'il fallait rendre à l'empereur ce qui lui appartenait (les pièces qui portaient son effigie).

Les collecteurs d'impôts percevaient les taxes pour les Romains.

SUR LES RIVES DE LA MER DE GALILÉE
Jésus a grandi à Nazareth, puis il est allé à Capharaüm, sur les rives de la mer de Galilée (ou lac de Tibériade). Une grande partie de son ministère s'est déroulée dans cette région, et l'un de ses miracles fut de calmer une tempête. Jésus trouvait dans les collines voisines des endroits tranquilles pour aller prier.

PARABOLES ET PRÉDICATIONS

C'est par des paraboles que Jésus enseignait le plus volontiers. Il racontait de petites histoires pour parler du royaume de Dieu et faire comprendre, par de simples comparaisons, comment on doit se conduire les uns envers les autres. Jésus prêchait également des sermons. Le plus fameux est le « Sermon sur la montagne », dans lequel il édicte les principes fondamentaux du royaume de Dieu et dit comment doivent vivre des chrétiens. La grande règle (« règle d'or ») est de faire pour autrui ce qu'on souhaiterait qu'il fasse pour nous.

LE FILS PERDU

La parabole raconte l'histoire d'un homme qui divise sa fortune entre ses deux fils. Le plus jeune prend sa part et s'en va, tandis que l'aîné reste à la maison et travaille dur. Quand le plus jeune revient, ruiné, le père tue le veau qu'il avait à l'engrais et fait un grand festin. L'aîné proteste, mais son père insiste : « Il était perdu et, maintenant, il est retrouvé. » Ces illustrations chinoises représentent la parabole en détail.

LE SERMON SUR LA MONTAGNE

Jésus affirme que les membres du royaume de Dieu doivent s'efforcer d'être parfaits, à l'image de Dieu, leur père. Par exemple, il explique qu'il ne suffit pas d'obéir au commandement : « Tu ne tueras pas », mais qu'il faut se garder de toute colère.

L'auréole est symbole de sainteté.

Le bon Samaritain (vitrail du XIXᵉ siècle)

LE BON SAMARITAIN

Jésus enseignait qu'il faut aimer son prochain. A quelqu'un qui demandait « Qui est mon prochain ? », Jésus raconte l'histoire d'un homme attaqué par des bandits et laissé pour mort. Passent près de lui sans s'arrêter un prêtre puis un « lévite » (membre de la tribu de Lévi). Arrive alors un Samaritain (que les juifs méprisent) qui porte secours à l'homme blessé. C'est lui qui s'est montré le vrai « prochain ». « Va et fais de même », dit Jésus.

SEMEUR DE PAROLES

Jésus compare ses paroles à des graines répandues par un jardinier. Certaines tombent sur le chemin et sont foulées aux pieds. D'autres tombent sur un sol rocailleux ou parmi des chardons et ne peuvent pousser. Mais certaines graines trouvent un sol propice et germent pour donner du blé. Jésus affirme que ceux qui entendent sa parole et la gardent sont comme un sol fertile.

Sac à semences

Figue et feuille de figuier

LA LEÇON DU FIGUIER

Jésus prend l'exemple d'un figuier. Quand les feuilles commencent à apparaître, on sait que l'été approche. Il en va de même avec la deuxième venue de Jésus. Quand des signes étranges se produiront dans les étoiles, quand les hommes seront saisis par le désespoir et la terreur, alors il faudra comprendre que le royaume de Dieu va s'instaurer.

Jésus était probablement assis quand il enseignait.

LA PRIÈRE DU SEIGNEUR

C'est dans le Sermon sur la montagne que Jésus donne son enseignement fondamental sur la prière. Il recommande de prier dans la discrétion et avec simplicité : « Dieu sait de quoi vous avez besoin, avant même que vous ne le demandiez », dit-il, et il donne comme modèle la prière qui commence par ces mots, « Notre Père, que ton nom soit sanctifié ». Dans le monde entier, les chrétiens récitent cette prière, qui a été traduite dans presque toutes les langues.

Pater noster qui es in caelis ÷ Sanctificetur nomen tuum ÷ Adveniat regnum tuum ÷ Fiat voluntas tua sicut in caelo et in terra ÷ Panem nostrum quotidianum da nobis hodie ÷ Et dimitte nobis debita nostra sicut et nos dimittimus debitoribus nostris ÷ Et ne nos inducas in temptatione ÷ Sed libera nos a malo ÷ Amen ÷

Texte du « Notre-Père » en latin, sur un « livre » en corne

Jésus enseignant Fresque de Fra Angelico (XVe siècle)

Coquelicots (fleurs des champs de l'Evangile)

COMME LES FLEURS DES CHAMPS

Dans le Sermon sur la montagne, Jésus recommande de ne pas trop s'inquiéter des nécessités quotidiennes, comme la nourriture et le vêtement. Il donne en exemple les fleurs des champs, si joliment vêtues par Dieu. Que les gens se soucient plutôt du royaume de Dieu !

« *Heureux les miséricordieux, car ils obtiendront miséricorde ; heureux les cœurs purs, car ils verront Dieu* », *dit Jésus dans le Sermon sur la montagne.*

(MATTHIEU 5, 7-8)

LA CRUCIFIXION

Jésus avait plusieurs fois averti ses disciples de sa mort prochaine. Il leur avait dit que les chefs des prêtres le rejetteraient, qu'il serait mis à mort et se relèverait au bout de trois jours. Mais les disciples n'avaient pas compris l'avertissement et n'étaient pas préparés à ce qui allait se passer quand Jésus serait arrivé à Jérusalem : le procès et la condamnation à mort par crucifixion. C'est là le moment le plus dramatique de l'histoire chrétienne. C'en est aussi le grand tournant. Les chrétiens croient que le sang de Jésus a été répandu pour que tous reçoivent la vie éternelle.

L'ENTRÉE À JÉRUSALEM

C'est monté sur un âne que Jésus a fait son entrée dans Jérusalem, ainsi que le montre cette peinture de l'oratoire de San Pellegrino, en Italie. Les gens avaient jeté sur son chemin des vêtements et des brassées de feuillage, car ils se souvenaient de l'annonce faite par le prophète Zacharie de l'arrivée d'un roi, ainsi monté sur un âne, et ils étaient heureux.

CORPS ET SANG

Pendant le dernier repas qu'il partagea avec ses disciples, Jésus prit du pain et le leur donna en disant : « Ceci est mon corps. » Puis il leur donna une coupe de vin en disant : « Ceci est mon sang. » Quand les chrétiens célèbrent la « Cène » (ou « Eucharistie », p. 52-53), ils se souviennent de cela.

SUR LA CROIX

A l'époque de Jésus, ceux que les Romains condamnaient à mort étaient crucifiés. Jésus fut crucifié entre deux brigands, et les Evangiles nous disent qu'il mourut au bout de trois heures environ – beaucoup plus vite que la plupart des condamnés. Ils décrivent aussi les signes extraordinaires qui eurent lieu au moment de sa mort.

Le visage du Christ est serein et non pas douloureux

Crucifix danois du Xe siècle, en chêne recouvert d'or

Médaille de rosaire représentant Jésus portant sa croix

Couronne
d'épines,
Reconstitution
moderne

LA MONTÉE AU CALVAIRE
Avant sa mort, Jésus fut
fouetté et tourné en dérision.
Pour se moquer de sa royauté,
on le ceignit d'une couronne
faite d'épines et on le chargea
du lourd fardeau de sa croix.
Mais il était trop faible, et
c'est un homme pris dans la
foule, Simon de Cyrène, qui
dut la porter jusqu'au calvaire.

Médaille
représentant Jésus
couronné d'épines

Manuscrit syriaque du XIIIᵉ siècle

LE DERNIER REPAS
Jésus fut arrêté au moment de la fête de
Pâque, où l'on célèbre la libération des
juifs qui avaient été esclaves en Egypte
et où l'on évoque une prochaine venue
du Messie. Jésus demande à ses disciples
d'organiser un repas pascal – le dernier
qu'ils prendront ensemble – et annonce
que l'un d'entre eux le trahira.

Le Baiser de Judas.
Fresque de Giotto (XIVᵉ siècle)

LE BAISER DE JUDAS
Après le repas, Jésus se rendit à Gethsémani, au «jardin des Oliviers».
Son disciple Judas Iscariote le rejoignit avec des soldats romains et des
gardes du Temple. Judas donna un baiser à Jésus : c'était le signe de
reconnaissance convenu avec les soldats, qui aussitôt arrêtèrent Jésus.

Beaucoup
de clochers
ont une
girouette
en forme
de coq, en
souvenir du
reniement
de Pierre.

RENIEMENT
Jésus fut amené au grand
prêtre, Caïphe, et comparut
devant le conseil des anciens
(le «sanhédrin»). Pierre
attendait dehors, et quand
on l'accusa d'être un des
disciples de celui qu'on
jugeait, il nia. En entendant
un coq chanter, Pierre se
souvint que Jésus avait dit :
«Avant que le coq chante
deux fois, tu m'auras renié
trois fois» (Marc 14, 72).

LA CONDAMNATION
Le conseil des anciens amena
Jésus au gouverneur romain,
Ponce Pilate, qui détenait
le pouvoir de condamner
à mort. Jésus fut accusé de
vouloir se faire roi des Juifs,
mais comme il refusait de
répondre clairement, Pilate
restait hésitant. Il s'en remit
au jugement de la foule qui
réclama sa condamnation
et la libération d'un autre
prisonnier.

LA RÉSURRECTION

Les chrétiens croient que Jésus, le troisième jour
après sa crucifixion, s'est relevé d'entre les morts.
Les Evangiles (p. 21) racontent comment il est apparu
à certains de ses disciples, qui ne l'ont pas reconnu.
Le corps de Jésus semblait avoir changé et il pouvait
apparaître et disparaître à volonté. Les chrétiens croient
en la résurrection de Jésus de diverses manières. Pour
certains, Jésus ressuscité était littéralement vivant, marchant
sur notre terre. D'autres croient en une présence toute
spirituelle, visible seulement dans
la façon dont vivent ceux qui se
réclament de lui. La plupart des chrétiens
pensent que Jésus est désormais
auprès de Dieu, d'où il reviendra
pour le Jugement dernier (p. 26).

UN SYMBOLE FORT
La résurrection est
au cœur de la foi
chrétienne. Elle est
souvent représentée
par un symbole,
comme cette croix
brodée sur un
vêtement liturgique.

*Jean l'Evangéliste, qui a
pour symbole un aigle*

*Matthieu, qui
a pour symbole
un homme (un ange)*

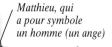

RELEVÉ D'ENTRE LES MORTS
Ponce Pilate fit placer des gardes auprès du tombeau de Jésus, craignant que ses
disciples ne viennent enlever son corps. Mais les Evangiles nous disent comment,
le troisième jour, Jésus surgit hors de son tombeau, tandis que les gardes dormaient.
Ce tableau italien du XVe siècle, comme les deux autres qui vont avec lui (voir ci-
contre), montre Jésus sortant d'un sarcophage de style romain, placé dans un rocher.

UNE SIMPLE CROIX
La simple croix, sans Christ, est un
rappel de la résurrection de Jésus.
L'agneau est un symbole familier,
évoquant Jésus désigné comme
l'« agneau de Dieu ». Cette créature
innocente et sans défense représente
aux yeux des chrétiens Jésus mené au
sacrifice pour racheter l'humanité.

**UN TOMBEAU
DANS LE ROC**
Joseph d'Arimathie,
un disciple de Jésus,
offrit, pour ensevelir
le Christ (p. 19),
le tombeau qu'il s'était
préparé. Ce tombeau devait
ressembler à celui qu'on voit ici :
creusé dans le roc et fermé par
une grosse pierre en forme de meule.

*Marc,
qui a pour
symbole
un lion*

À EMMAÜS

Peu de temps après sa résurrection, Jésus rencontra deux de ses disciples qui se dirigeaient vers le village appelé Emmaüs. Sans l'avoir reconnu, ils l'invitèrent à souper. Ce n'est qu'à table, quand il rompit le pain, qu'ils le reconnurent, mais Jésus disparut aussitôt.

Illustration tirée d'une bible italienne du XVᵉ siècle

Jésus, entouré d'anges apparaît au-dessus des nuages.

THOMAS L'INCRÉDULE

Le disciple Thomas ne voulait croire en la résurrection de Jésus que s'il voyait lui-même les marques des blessures de la crucifixion. L'Évangile de Jean nous raconte comment Jésus lui montra ses plaies.

Fresque (vers 1265) de l'église de la Sainte-Trinité à Sopocani (Serbie)

L'ASCENSION

Les Evangiles et un autre livre du Nouveau Testament, les Actes des Apôtres, rapportent qu'après avoir demandé à ses disciples de prêcher partout en son nom, Jésus retourna auprès de son Père. Il fut enlevé dans le ciel et disparut.

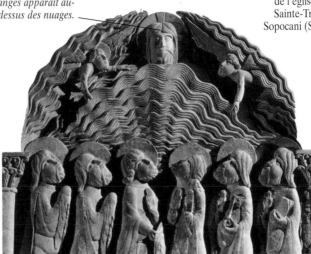

L'Ascension (sculpture de l'abbaye Saint-Dominique de Silos, en Espagne, XIIᵉ siècle)

> « *Il est écrit que le Messie souffrira et ressuscitera d'entre les morts le troisième jour* »
>
> (Luc 24, 46)

Luc, qui a pour symbole un bœuf

LE TOMBEAU VIDE

Un groupe de femmes, comprenant sans doute Marie de Magdala qui suivait Jésus, vint au tombeau pour enduire son corps d'aromates, comme on le faisait alors. Elles trouvèrent la tombe ouverte et vide ; elles virent seulement un ange qui leur annonça que Jésus s'était relevé d'entre les morts. Il leur ordonna d'aller annoncer la Résurrection aux disciples.

APPARITION À MARIE DE MAGDALA

L'Évangile de Jean nous raconte comment Marie Madeleine pleurait, auprès du tombeau où Jésus ne se trouvait plus. Elle vit quelqu'un et crut que c'était le jardinier. Mais quand il l'appela par son nom et lui parla, elle se rendit compte que c'était Jésus. Il lui dit : « Ne me touche pas, car je ne suis pas encore monté vers le Père. »

LA PAROLE SE RÉPAND

Dans les années qui ont suivi la crucifixion de Jésus, ses disciples ont poursuivi son œuvre d'enseignement et de prédication. Le plus important d'entre eux fut saint Paul, qui fonda plusieurs communautés autour de la Méditerranée. On trouve dans le Nouveau Testament des lettres, ou « épîtres », qu'il leur écrivit ou qu'il écrivit à d'autres Églises. Ces lettres ont été et sont encore source d'inspiration pour tous ceux qui, après Paul, ont travaillé à répandre le christianisme à travers le monde.

La Pentecôte représentée sur l'autel de Verdun, en Autriche (XIIe siècle)

DES LANGUES DE FEU
Les Actes des Apôtres nous décrivent comment les disciples, réunis pour la fête juive de la Pentecôte, reçurent le Saint-Esprit. Ils entendirent un bruit semblable à celui d'un vent violent et virent comme des langues de feu qui venaient sur eux. Ils furent alors emplis de l'Esprit-Saint. Pour les chrétiens, la fête de Pentecôte est celle du Saint-Esprit.

Les disciples, assis, sont touchés par les langues de feu.

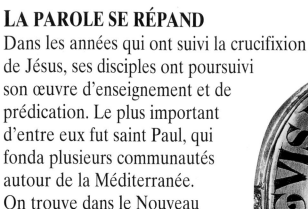

PIERRE LE PASSIONNÉ
Pierre, l'un des principaux disciples, est représenté ici sur un livre de prières italien de 1430. A la Pentecôte, il fit un discours plein de passion, expliquant que le Saint-Esprit leur avait été donné, témoignant que Jésus était bien ressuscité et qu'il était le Messie promis par Dieu.

Catacombe de Sainte-Priscille, Rome (Italie)

CHRÉTIENS PERSÉCUTÉS
Après la Pentecôte, les communautés chrétiennes se multiplièrent et s'ouvrirent à des non-juifs. Mais les autorités romaines étaient opposées à cette nouvelle religion, et il y eut des persécutions. Quand la foi chrétienne atteignit la ville de Rome, beaucoup de chrétiens durent se cacher, se réunissant parfois pour célébrer le culte dans les cimetières souterrains (les « catacombes »).

SAINT PAUL

Saul était juif et citoyen romain. D'abord persécuteur des chrétiens, il était présent lors de la mort de saint Etienne, le premier martyr, comme nous le racontent les Actes des Apôtres. Au cours d'un voyage vers Damas, en Syrie, Saul eut une vision et entendit la voix de Jésus qui lui demandait pourquoi il le persécutait.

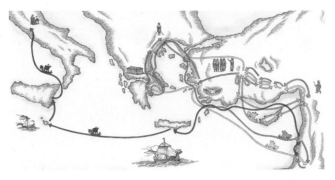

LES VOYAGES DE PAUL

Après sa vision, sur le chemin de Damas, Saul se convertit et prit le nom de Paul. Il fit de longs voyages autour de la Méditerranée, comme le montre cette carte, et laissa derrière lui beaucoup de nouveaux chrétiens.

ÉPHÈSE

C'est dans l'ancienne cité d'Ephèse (aujourd'hui en Turquie) que Paul fonda une de ses plus importantes communautés. Il l'encouragea par une lettre (l'Epître aux Ephésiens du Nouveau Testament) à maintenir l'unité et à garder la foi.

PREMIERS « CHRÉTIENS »

Paul enseigna un certain temps à Antioche, en Syrie, où l'église que l'on voit ici fut construite bien plus tard. Il parlait souvent de Jésus en l'appelant « Christ » (c'est-à-dire le « Messie »); c'est pourquoi on donna aux disciples de Jésus le nom de « chrétiens ».

L'EMPEREUR D'ORIENT

Justinien, qui était chrétien, gouverna l'empire d'Orient (« byzantin ») de 527 à 565. Il prôna la tolérance religieuse, s'efforça de faire régner la paix entre les différentes sectes chrétiennes et édifia des églises dans sa capitale, Constantinople (aujourd'hui Istanbul, en Turquie).

Représentation de Justinien sur une pièce de monnaie

CONVERSION DE CONSTANTIN

En 312, Constantin devint empereur. L'année suivante, il se convertit au christianisme et, par l'Édit de Milan, fit cesser toute persécution contre les chrétiens. Désormais, la foi chrétienne pourrait se répandre librement dans le vaste Empire romain.

Représentation de Constantin sur une pièce de monnaie

L'HÉRITAGE DE PAUL

A l'image de Paul, de nombreux chrétiens ont voyagé à travers le monde pour répandre la foi chrétienne. Au XIXe siècle, il y eut une grande activité missionnaire, et des Européens, comme Charles Creed représenté ici, s'en allèrent dans des contrées aussi éloignées que la Nouvelle-Zélande.

La Bible a été rédigée par un grand nombre d'auteurs, sur plusieurs siècles. Pour l'Ancien Testament, ce sont, pour la plupart, des scribes inconnus. Le Nouveau Testament a été écrit par les tout premiers chrétiens. Des scribes ont ensuite recopié les textes originaux sur des papyrus et des parchemins.

Plumes et cornes à encre

LA BIBLE

La Bible des chrétiens comporte plus de soixante livres différents, formant deux grands groupes : l'Ancien Testament, où se trouvent les écrits sacrés des juifs, antérieurs à Jésus ; et le Nouveau Testament, qui concerne Jésus et ses disciples. Tous ces livres, écrits au long de nombreux siècles, sont considérés comme la parole de Dieu.

Les textes originaux (en hébreu et araméen pour l'Ancien Testament, en grec pour le Nouveau) ont été traduits dans la plupart des langues modernes.

La création des oiseaux (mosaïque de Monreale, en Sicile, XIIᵉ siècle)

LES CINQ LIVRES

Dans les cinq premiers livres de la Bible (la Torah juive, ou le Pentateuque), on trouve le récit de la Création, l'histoire des ancêtres du peuple juif, comme Abraham, celle de Moïse et de l'Alliance avec Dieu, les Dix Commandements, etc. Certains pensent que Moïse en est l'auteur.

LIVRES HISTORIQUES

Bien des livres de l'Ancien Testament racontent l'histoire du peuple juif, à travers les siècles. Ces livres historiques nous parlent des rois David, Salomon et de leurs successeurs, et retracent des épisodes comme la visite de la reine de Saba (sauveraine d'Arabie).

LIEU SAINT

Le temple de Jérusalem fut construit par le roi Salomon. C'était le lieu saint par excellence pour tous les juifs. Il fut détruit par les Babyloniens, puis reconstruit après l'exil à Babylone et, plus tard, à l'époque romaine, agrandi par Hérode. L'Évangile de Luc nous décrit une visite de Jésus, encore enfant, au Temple.

Reconstitution du temple de Salomon à l'époque du Christ

Tête de femme (sculpture vieille de 2 500 ans, provenant de Saba)

Le roi David jouant de la harpe (enluminure du XIIIe siècle)

PAROLES DE PROPHÈTE

Un certain nombre de livres de l'Ancien Testament sont l'œuvre de prophètes, comme Isaïe, Jérémie et Ezéchiel. Parlant au nom du Seigneur, ces hommes exprimaient la volonté de Dieu, aussi bien sur les choses de la vie quotidienne que sur les grands événements. Pour les premiers chrétiens, nombre de leurs paroles annonçaient la venue de Jésus.

Jérémie (fresque d'une église de Chypre, XIIe siècle)

PAROLES DE SAGESSE

L'Ancien Testament comporte ce qu'on appelle les « Livres de sagesse », variés dans leur style et leurs sujets. Parmi ceux-là, les Psaumes (qu'on a parfois attribués au roi David) font partie de la liturgie chrétienne ; les Proverbes regroupent des maximes ; Job nous parle avec profondeur de la souffrance.

Jonas et le gros poisson (peinture du XIIIe siècle)

La mort de Paul. Enluminure d'un manuscrit du XIIe siècle

UN CONTE MORAL

Dieu ordonne à Jonas d'aller à Ninive pour prêcher le repentir. Jonas refuse et s'enfuit en bateau. Dieu envoie une tempête, et Jonas, jeté par-dessus bord, est avalé par un gros poisson. Trois jours plus tard, le poisson rejette Jonas, sain et sauf, sur le rivage. Le prophète n'a plus qu'à obéir.

L'ŒUVRE DE DIEU

Plusieurs livres du Nouveau Testament (les Actes des Apôtres et les Épîtres, comme celles de Paul) nous montrent les disciples de Jésus à l'œuvre après la résurrection pour poursuivre la mission du Christ.

UNE FAÇON DE VOIR COMMUNE

Les quatre premiers livres du Nouveau Testament – les Evangiles – nous parlent de Jésus, de sa vie et de son enseignement. Les trois premiers, Matthieu, Marc et Luc, se ressemblent beaucoup. On les appelle « synoptiques » (qu'on peut regarder ensemble). Ils ont sans doute été écrits vers 70. L'Evangile de Jean date probablement de la fin du Ier siècle.

Luc, le bœuf ailé

Symboles des quatre évangélistes vus par une artiste moderne, Laura James

Jean, l'aigle

Matthieu, l'ange

Marc, le lion

21

LES TEXTES ORIGINAUX

La Bible a d'abord été écrite dans des langues parlées à l'époque en Méditerranée orientale : hébreu, araméen, puis grec. Les textes ont été recopiés par des scribes expérimentés, puis traduits dans d'autres langues anciennes, comme le syriaque et le latin. Les traducteurs modernes ont donc un grand nombre de textes différents, pour les aider à faire des traductions rigoureuses dans les langues d'aujourd'hui.

UNE LOI VENUE DE DIEU

La Bible hébraïque – la Torah plus d'autres livres comme les écrits des prophètes ou les « Livres de sagesse » (p. 21) – forme l'Ancien Testament de la Bible chrétienne. Jésus l'a souvent citée, parlant de la « Loi ». Les cinq livres de la Loi, ou « Torah », constituent le cœur de la foi juive. Les juifs doivent se conformer aux 613 commandements qui en sont tirés.

Rouleau de la Torah dans son étui, comme on en voit dans certaines synagogues aujourd'hui

LE PLUS ANCIEN MANUSCRIT

Parmi les manuscrits de la mer Morte, retrouvés à Qumrân (alors en Jordanie), en 1947, se trouvent les plus anciens manuscrits de textes bibliques que l'on connaisse. Les écrits qu'on a retrouvés là datent du IIIe ou IIe siècle avant l'ère chrétienne.

Jarre et encrier retrouvés à Qumrân

UN TRÉSOR CACHÉ

Les manuscrits de la mer Morte appartenaient à l'origine à une secte juive, les esséniens. Ils avaient caché leurs manuscrits dans de grandes jarres, avant de s'enfuir à l'arrivée des Romains. On les y retrouva presque 2 000 ans plus tard. Ils constituent une source précieuse de connaissances sur cette époque.

PROTECTION

En Occident, le rouleau de la Torah est conservé dans une étoffe, le « manteau ». Celui-ci est généralement décoré de broderies représentant des symboles religieux. La couronne est le symbole de la Torah (comme l'indique l'inscription en hébreu), et les lions représentent la tribu de Juda.

« *C'est l'esprit qui vivifie,
la chair ne sert de rien ;
les paroles
que je vous ai dites
sont esprit
et elles sont vie* »
dit Jésus à ses disciples

(JEAN 6, 63)

VERSION SYRIAQUE

La traduction syriaque est très ancienne, probablement du Iᵉʳ ou IIᵉ siècle. On l'appelle la Peshitta, ce qui veut dire « simple ». Elle est encore utilisée dans les églises syriennes et a servi de base à la traduction perse et arabe de la Bible.

TOUT EN GREC

Les Evangiles ont été écrits au cours du Iᵉʳ siècle, en grec, qui était alors la langue usuelle. A cette époque, l'Ancien Testament avait déjà été traduit en grec. Cette version grecque, qu'on appelle la Septante, est celle qu'utilisaient – et citaient – les premiers chrétiens.

Le texte de la Torah est écrit en hébreu sur un rouleau d'une seule pièce.

Evangile de saint Jean en grec (manuscrit du IVᵉ siècle)

UNE ATTACHE SOLIDE

Sous le « manteau », les rouleaux sont attachés par une étoffe, la *mappah*. Le texte de la Torah, écrit en hébreu, est lu dans toutes les synagogues (lieux de culte et d'enseignement). Pour les juifs, obéir à la Torah, c'est obéir à Dieu.

LA BIBLE EN TRADUCTION

Entre le IVe et le XVe siècle, la Bible fut
traduite et recopiée en latin par des
moines. Avec la Réforme (p. 34-35),
le latin, langue d'Église, fut remplacé par
la langue usuelle (« vernaculaire ») et l'on
eut des bibles en français, en allemand,
en anglais… Les traducteurs modernes
s'efforcent d'être aussi fidèles que possible,
tout en employant un langage courant, un
style simple et des mots familiers.

Bible latine enluminée

LA VULGATE

Il y eut plusieurs traductions latines de
la Bible, mais la plus fameuse est l'œuvre
de saint Jérôme, au IVe siècle, à la
demande du pape. En 1546, le concile
réuni à Trente la déclara « authentique ».
Elle a servi de base à beaucoup de
traductions, surtout catholiques, avant
qu'on ne prenne l'habitude de recourir
aux textes originaux.

*Le texte de la Bible de
Gutenberg (première Bible
imprimée) est la Vulgate.*

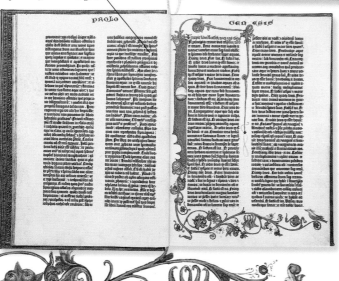

RECOPIÉ À LA MAIN

Avant l'imprimerie, les textes de
la Bible étaient recopiés à la main,
par des moines, et décorés
d'enluminures. Certains textes
étaient plus demandés, comme les
Psaumes. Sur ce psautier, on trouve
une vieille traduction anglaise entre
les lignes du texte latin.

LA BIBLE IMPRIMÉE

C'est à Johannes Gutenberg
(p. 34) que l'on doit la première
Bible imprimée, en 1455. Il devenait
désormais possible de reproduire
la Bible à un grand nombre
d'exemplaires, ce qui permit à
beaucoup plus de gens de la
connaître.

*Les décorations en couleurs ont été ajoutées
à la main sur la Bible de Gutenberg, après
que le texte eut été imprimé.*

WILLIAM TINDALL

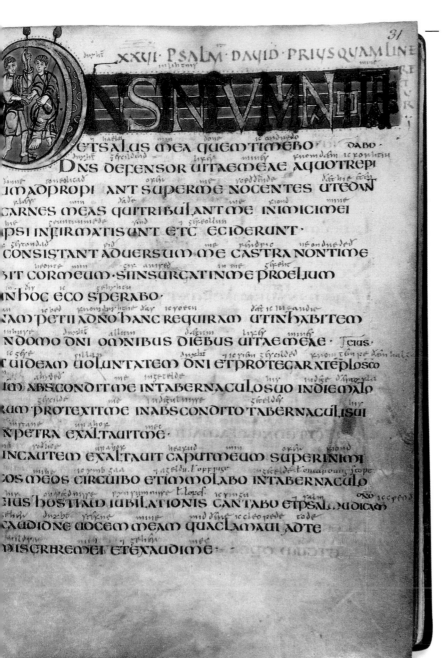

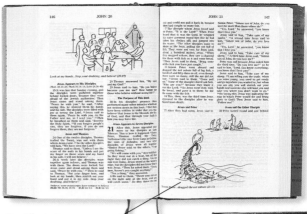

Les illustrations rendent le texte plus vivant.

BONNE NOUVELLE

Au XXe siècle, bien des traductions existantes semblaient démodées et beaucoup souhaitaient pouvoir lire la Bible dans un langage plus populaire. On publia donc, en France, la *Bible en français courant* et, en Angleterre, la *Good News Bible*.

Bible allemande moderne

EN AVANCE

Dès le Moyen Age, des théologiens allemands avaient traduit certains livres bibliques en allemand. Vers 1400, toute la Bible était traduite. Mais les autorités ecclésiales étaient inquiètes, et ces bibles ne furent vraiment accessibles qu'après la Réforme (p. 34-35).

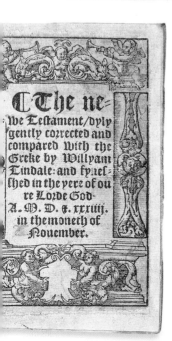

Cette édition « polyglotte » donne en colonnes parallèles le texte en différentes langues.

UNE BONNE INFLUENCE

Au début du XVIe siècle, le réformateur William Tyndale voulut traduire la Bible en anglais. L'Eglise d'Angleterre ne l'y autorisant pas, Tyndale s'en fut en Allemagne, où il publia son Nouveau Testament en anglais, en 1525. L'édition révisée publiée en 1534, dont on voit la page de titre, eut une grande influence sur les traductions faites plus tard.

DE NOMBREUSES LANGUES

L'intérêt pour les traductions bibliques et le désir de comparer les textes ont conduit à l'édition de bibles « polyglottes » (en plusieurs langues), où les textes sont placés l'un à côté de l'autre. On a ici une Bible de 1516, imprimée sur quatre colonnes : hébreu, latin, grec et arabe.

L'ENFER ET LE PARADIS

Tous les chrétiens croient en un Dieu éternel et tout-puissant qui existe en trois personnes (la « Trinité ») : le Père, le Fils et l'Esprit. Ils croient que Jésus est le Fils de Dieu, qu'il est venu sur terre en naissant de la Vierge Marie, qu'il a été crucifié et est ressuscité. Les chrétiens croient que s'ils ont la foi et se conduisent selon les enseignements de Jésus, ils seront récompensés après leur mort et vivront éternellement au « paradis » (nom traditionnel du royaume éternel de Dieu). Son contraire est l'« enfer », le lieu d'où Dieu est éternellement absent.

Le Jugement dernier (icône du monastère Sainte-Catherine, au Sinaï, XIIe siècle)

La Sainte Trinité (icône peinte par Andreï Roublev, XIVe siècle)

TROIS EN UN
L'idée de Trinité – un Dieu unique en trois personnes – est l'un des plus profonds mystères de la foi chrétienne. Dieu le Père est le créateur tout-puissant de l'univers. Dieu le Fils est Jésus, Dieu fait homme. Le Saint-Esprit est la puissance de Dieu agissant sur terre.

Dans cette illustration médiévale de la résurrection finale, les morts sortent du tombeau tandis que des anges jouent de la trompette.

JUGEMENT DERNIER
Les chrétiens attendent que le Christ revienne sur Terre. Ils croient qu'il reviendra, dans sa gloire, pour juger les vivants et les morts. Il récompensera les justes en leur donnant la vie éternelle, et le royaume de Dieu sera établi pour toujours.

Ange portant un encensoir

Jeton d'ivoire représentant des personnages humains combattant les démons de l'enfer (1120)

AU PARADIS
Certains comprennent le mot « paradis » (ou « ciel ») au sens réaliste d'un lieu où Dieu réside. D'autres affirment que ce n'est pas un lieu mais l'état de celui qui se trouve auprès de Dieu. Les catholiques (p. 28-31) croient que l'âme doit d'abord aller au purgatoire, où elle est purifiée avant d'entrer au paradis.

UN MESSAGER AILÉ
La Bible parle des anges comme d'êtres spirituels qui vivent auprès de Dieu et lui servent de messagers. Ils transmettent aux hommes des paroles ou des jugements divins et peuvent jouer le rôle de guides. La Bible ne dit rien de leur apparence, mais on les représente traditionnellement avec un corps humain et des ailes.

L'ÉCHELLE DE JACOB

La vie du patriarche Jacob, un des ancêtres du peuple d'Israël, est racontée dans la Genèse. En rêve, Jacob vit une échelle qui reliait la terre et le ciel, et sur laquelle des anges allaient et venaient. Dieu lui promit que la terre sur laquelle il était couché lui appartiendrait, à lui et à ses descendants.

L'échelle de Jacob (sculpture de l'abbaye de Bath, en Angleterre)

Ange portant un coffret qui renferme peut-être des reliques (p. 42-43).

Ange portant une maquette d'église

Les anges sont souvent représentés avec de grandes ailes.

LA CHUTE DE SATAN

Selon l'Apocalypse, Satan était un « archange », c'est-à-dire un ange de rang élevé, qui se révolta contre Dieu. Il fut donc chassé du ciel et fonda son propre royaume, l'enfer. Certains chrétiens pensent que l'enfer est un lieu de souffrances, où Satan et ses démons torturent les âmes des damnés, en les plongeant dans des flammes éternelles.

IMAGES DU DIABLE

Depuis le Moyen Age, les artistes ont représenté Satan et ses démons comme des créatures grotesques : un corps humain, mais avec des sabots, une queue et des cornes. Aujourd'hui, les chrétiens s'intéressent moins à l'apparence du diable et pensent généralement que l'« enfer » est la privation de Dieu.

LOTERIA DE MEXICO 1998-99
20¢
EL DIABLITO
G. NORMA / C. VERGARA T I E V

Timbre mexicain représentant le diable

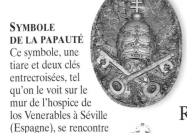

**SYMBOLE
DE LA PAPAUTÉ**
Ce symbole, une
tiare et deux clés
entrecroisées, tel
qu'on le voit sur le
mur de l'hospice de
los Venerables à Séville
(Espagne), se rencontre
sur de nombreux
édifices catholiques
dans le monde.

LE CATHOLICISME

Parmi les chrétiens, les catholiques sont les plus
nombreux. L'Église catholique (on dit parfois
« Église romaine ») a pour chef le pape, qui vit à
Rome (p. 29). Les catholiques insistent beaucoup
sur la tradition et l'enseignement de l'Église, sur
l'importance de l'eucharistie – la messe
(p. 52-53) – et sur le rôle des prêtres, qui,
comme les religieux et religieuses,
renoncent à une vie familiale pour
appartenir entièrement à Dieu.

*Encensoir
sur un
piédestal
en forme
de crosse*

*Ostensoir
doré, orné
d'anges*

POUR MONTRER
L'ostensoir (le mot vient d'un verbe latin qui signifie
« montrer ») sert à exposer à la vue l'hostie, c'est-à-
dire du pain consacré pendant la messe. L'hostie est
alors portée en procession, ou simplement présentée
aux fidèles pour la « bénédiction » ou l'« adoration
du saint sacrement ».

**CATHÉDRALE
DE CHARTRES**
La cathédrale de Chartres
représente un des sommets
de l'art du vitrail, aussi bien
que de l'architecture et de
la sculpture romanes puis
gothiques. Elle fut
commencée en 1020,
détruite par un incendie
en 1194, avant d'être
reconstruite au
XIIIᵉ siècle.

ATMOSPHÈRE DE PRIÈRE
L'encens a été longtemps
très utilisé dans la liturgie
catholique, comme il l'était
dans celle du temple de
Jérusalem. Il est brûlé
dans un encensoir et
produit une fumée
odorante. On y voit un
signe de la prière qui
monte vers Dieu.

*Confessionnal
de style baroque,
cathédrale de Vienne
(Autriche)*

*Le couvercle
se soulève, pour
qu'on puisse
placer les braises
et l'encens qui
brûlera.*

CONFESSION
Les catholiques doivent, au moins une fois par an,
confesser leurs péchés à un prêtre, qui prononce
le pardon de Dieu (« absolution »). Pour plus
de discrétion, cela se fait normalement dans un
confessionnal. Le prêtre peut infliger une pénitence,
que le pécheur accomplira pour marquer sa volonté
de se repentir et de ne plus pécher. Autrefois, les
pénitences étaient souvent sévères.

Moine bénédictin
tenant un bénitier
et un goupillon

*Navette
à encens*

Charbons

Encens

L'ENCENSEMENT
On brûle de l'encens,
sur des braises, dans un
encensoir. Cela se pratique
au cours de messes
solennelles, pendant
la procession d'entrée
du prêtre ou pendant
l'élévation (quand on
montre l'hostie consacrée
aux fidèles), ou encore
pour honorer un mort,
durant la messe
de funérailles.

DES RITES
SOLENNELS
Pendant certains rites
solennels – bénédictions,
exorcismes (pour chasser
les mauvais esprits) ou
funérailles, par exemple –, on utilise
de l'eau qui a été bénie (on dit de
l'« eau bénite »). Le goupillon sert à
asperger les fidèles ou le cercueil de
celui qu'on va enterrer.

LE PAPE
Considéré comme le successeur de saint Pierre, que Jésus avait
chargé de guider le groupe des disciples, le pape est le chef de
l'Eglise catholique. Les catholiques voient en lui un guide infaillible sur les
questions qui touchent à la foi. Les enseignements du pape, diffusés par ses
lettres, les « encycliques », ont beaucoup d'influence sur la vie des fidèles,
notamment dans le domaine de la morale. Le pape peut aussi prendre
la décision de convoquer un « concile » (réunion d'évêques).

UN INSIGNE DE DIGNITÉ
L'anneau que portent le pape et tous les évêques est l'insigne de leur
charge. Celui qu'on voit ici a appartenu au pape Eugène IV (1431-1437).

QUARTIER GÉNÉRAL CATHOLIQUE
Le pape est en même temps chef de l'Eglise catholique
et évêque de Rome. Il vit dans la cité du Vatican, qui
est une petite enclave indépendante dans la ville de
Rome. C'est là que se trouve la superbe basilique
Saint-Pierre, la principale église catholique du monde.

CHEFS SPIRITUELS ET TEMPORELS

Dans l'Eglise catholique, c'est le pape et la hiérarchie du clergé – archevêques, évêques et prêtres – qui sont responsables et chefs spirituels de la communauté des fidèles. Ils doivent les guider par leur exemple et leur enseignement dans tous les domaines de la foi et de la morale.

Evêques portant crosse et mitre (XIVe siècle)

SYMBOLES DE LEUR CHARGE

La mitre, un chapeau pointu avec deux rubans qui pendent par-derrière, est portée par les évêques et les abbés de monastère. Elle symbolise le statut élevé de celui qui la porte. Les mitres anciennes étaient richement décorées.

LE RÔLE DE L'ÉVÊQUE

L'évêque est le responsable des églises et des prêtres de son « diocèse » (le territoire qui lui est confié). Il doit prêcher, diriger la formation des jeunes prêtres, veiller sur l'enseignement religieux des paroisses et écoles du diocèse. Tous les évêques d'un pays forment une « Conférence épiscopale », qui se réunit de temps en temps.

LA PRIÈRE DU ROSAIRE

En priant le rosaire, on médite sur les « mystères » de la vie de Marie et du Christ, tout en répétant certaines prières (le « Je vous salue Marie », le « Notre-Père » et le « Gloire au Père »). Le rosaire comporte trois groupes de cinq mystères, qu'on évoque en récitant chaque fois un chapelet. L'objet comporte des grains, qui correspondent chacun à une prière.

Rosaire orné de médailles

Image de l'Annonciation

Dessins pour mitres au XVe siècle

Marie reçoit sa couronne.

Jésus lève la main pour bénir.

Mitre française du XIVe siècle, représentant le couronnement de la Vierge

Cette chaîne était portée par un prêtre au XVᵉ siècle en Italie.
Les prêtres modernes ne portent plus ce genre d'ornements,
mais ils ont gardé d'autres traditions de l'époque
ancienne. Les prêtres catholiques doivent toujours
être des hommes célibataires. Ils célèbrent les
sacrements, prêchent, instruisent dans la
foi et apportent une aide spirituelle
aux membres de leur paroisse.

Crosse d'un
évêque du
Moyen Age,
représentant
l'Annonciation

*Pendentif
représentant
la Nativité*

*L'ange
Gabriel*

*La Vierge
Marie*

LA SAINTE VIERGE
Les catholiques ont une grande
dévotion pour la Vierge Marie,
comme en témoignent de nombreuses
œuvres d'art, rappelant des scènes de
sa vie. L'Eglise catholique enseigne
qu'elle était exempte du péché originel
et qu'à la fin de sa vie elle fut
élevée au ciel (c'est ce qu'on
appelle l'« Assomption »).

*« Je vous salue Marie,
pleine de grâce, le Seigneur
est avec vous ; vous êtes bénie
entre toutes les femmes
et Jésus, le fruit de vos
entrailles, est béni »*

(DÉBUT DU « JE VOUS SALUE MARIE »)

*Vierge à l'Enfant
de style gothique
(bois peint
vers 1320)*

L'ORTHODOXIE

En Europe orientale, les chrétiens appartiennent le plus souvent à l'Église orthodoxe. Elle s'est développée à partir du IXe siècle, à la suite d'une scission (le « schisme d'Orient ») entre les chrétiens de l'empire d'Occident (romain) et ceux de l'empire d'Orient (byzantin). Les chrétiens orthodoxes ont beaucoup de points communs avec les catholiques, mais ils ne reconnaissent pas l'autorité du pape et les développements postérieurs à la rupture. Ils insistent beaucoup sur la tradition, appuyée sur la Bible et les enseignements des Pères de l'Église. Deux grands centres se partagent l'autorité sur le monde orthodoxe : le patriarcat russe et le patriarcat grec, mais il existe beaucoup d'« Églises autocéphales » (indépendantes).

ÉGLISES ORTHODOXES
Les Eglises orthodoxes sont sous l'autorité d'un « patriarche ». La cathédrale Saint-Basile de Moscou, avec ses célèbres dômes à bulbes, dépend, comme toute la Russie, du patriarche de Moscou (l'un des principaux).

Les prêtres orthodoxes ont souvent les cheveux longs et une barbe fournie.

Icône grecque représentant trois saints

UN PIEUX RAPPEL
Les icônes – généralement de petits tableaux de Jésus, de Marie ou de saints – jouent un rôle essentiel dans la piété orthodoxe. Elles rappellent aux chrétiens que Dieu s'est fait homme en Jésus. Elles aident les fidèles à centrer leur prière.

Icône russe de l'Annonciation

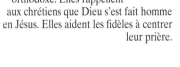

Petite icône à porter en pendentif

Sur ce crucifix, les clous sont clairement visibles.

Crucifix orthodoxe, datant de la guerre de Crimée (vers 1850)

AU CŒUR DE LA RELIGION
Les prêtres orthodoxes, qui doivent être des hommes de plus de trente ans, peuvent se marier. Leur tâche majeure est la célébration de la liturgie (la sainte communion, p. 52-53), cœur de la vie religieuse orthodoxe.

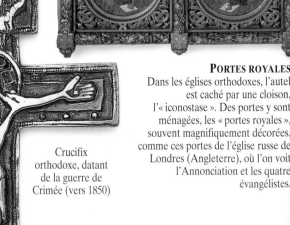

PORTES ROYALES
Dans les églises orthodoxes, l'autel est caché par une cloison, l'« iconostase ». Des portes y sont ménagées, les « portes royales », souvent magnifiquement décorées, comme ces portes de l'église russe de Londres (Angleterre), où l'on voit l'Annonciation et les quatre évangélistes.

ICÔNES PERSONNELLES
La place normale des icônes est sur l'iconostase, dans l'église. Pourtant, les orthodoxes ont aussi des icônes qu'on peut porter en procession, qu'on peut placer dans de petits sanctuaires, au bord des routes, ou qu'on peut avoir chez soi. Les petites icônes personnelles ou les objets de piété comme cette croix sont très populaires.

HUILE D'ALLÉGRESSE

Quand les enfants sont baptisés dans la foi orthodoxe, le prêtre les plonge trois fois dans l'eau avant l'onction avec l'« huile d'allégresse », sur la tête, les yeux, le nez, les oreilles et la bouche de l'enfant. Cette onction correspond à la cérémonie de confirmation (p. 58).

MOINES ORTHODOXES

Le « monachisme » (p. 44-47) a commencé en Orient, surtout en Syrie et en Egypte. Il demeure très vivant dans l'Eglise orthodoxe. Le plus célèbre monastère est celui du mont Athos, qui est une véritable petite république monastique, où des moines (seulement des hommes) vivent depuis le Xe siècle.

A l'origine, les étoles étaient faites de laine, pour évoquer le rôle de « pasteur » (berger) des prêtres.

La crosse symbolise le pouvoir du prêtre – pasteur de son troupeau.

La manchette symbolise la puissance de la « main droite » de Dieu.

AFFAIRE D'ÉVÊQUE

Dans l'Eglise orthodoxe, tous les évêques sont égaux et dépendent d'un supérieur, le patriarche. Mais l'autorité principale appartient au synode (réunion des évêques), qui prend les grandes décisions concernant la vie de l'Eglise. Les évêques ne peuvent pas être mariés, ce sont donc toujours d'anciens moines.

Vêtements liturgiques d'un évêque orthodoxe

LA RÉFORME

Durant les XIVᵉ et XVᵉ siècles, de plus en plus de gens s'inquiétaient de voir la corruption s'étendre dans l'Église catholique. Au début du XVIᵉ, un moine allemand, Martin Luther, le Suisse Ulrich Zwingli et le Français Jean Calvin lancèrent l'idée d'une grande réforme de l'Église. Le mouvement connu sous le nom de Réforme (ou Réformation) se répandit dans toute l'Europe. Les Églises « protestantes » qui en découlèrent rejetaient l'autorité du pape et des évêques et insistaient sur celle de la Bible.

Médaille représentant le pape en Satan (vers 1500)

DES ABUS DÉNONCÉS
Les réformateurs reprochaient beaucoup de choses à l'Eglise ; par-dessus tout, la vente d'« indulgences » : c'est-à-dire la possibilité de payer pour racheter des pénitences au lieu de les accomplir. Certains papes eux-mêmes furent corrompus, et la Réforme rompit complètement avec la papauté.

Manche et vis pour abaisser la presse

Plateau permettant d'appuyer le document encré sur le papier

Emplacement du bac à papier

Instrument permettant d'étaler l'encre régulièrement

CONTRE LA CORRUPTION
Cette pièce a été frappée en l'honneur de Jan Hus (v. 1370-1415), un prêtre tchèque recteur de l'université de Prague qui, dès le début du XVᵉ siècle, sous l'influence de Wyclif, devint un réformateur. Il s'éleva contre la corruption de l'Eglise, mais fut excommunié, et finalement brûlé comme hérétique au concile de Constance.

UN PRÉCURSEUR
Dès la fin du XIVᵉ siècle, l'Anglais John Wyclif (v. 1330-1384), théologien et homme politique, réclama des réformes. Son refus de l'autorité du pape, son insistance sur la nécessité de traduire la Bible pour la rendre accessible à tous furent repris par les réformateurs. Sur cette peinture de Ford Madox Brown, on voit Wyclif lisant sa traduction de la Bible.

PRESSE D'IMPRIMERIE
Au milieu du XVᵉ siècle, un ouvrier allemand, Johannes Gutenberg (v. 1397-1468), inventa un système pour reproduire les textes au lieu de les copier à la main : l'imprimerie. Désormais les livres seraient fabriqués plus vite et coûteraient moins cher. Cette avancée technique permit aux idées de la Réforme de se répandre à travers l'Europe.

LA VOIX DE LA RAISON

L'époque de la Réforme fut aussi une période de grand bouillonnement intellectuel. Parmi ceux qui y participèrent, on connaît le fameux Desiderius Erasme, dont le portrait peint par Hans Holbein est célèbre. Ses méthodes, différentes de celles du révolutionnaire passionné qu'était Luther, s'appuyaient surtout sur la raison et la connaissance. Le texte grec du Nouveau Testament qu'il édita servit de base à bien des traductions modernes.

EN LANGUE MATERNELLE

En 1549, l'archevêque de Cantorbéry, Thomas Cranmer (1489-1556), publia un livre de prières et de textes liturgiques en anglais. Ce *Book of Common Prayer* permettait pour la première fois aux fidèles de prier dans leur langue maternelle. Cranmer fut exécuté en 1553, sous le règne de la reine catholique Marie Iʳᵉ.

THÈSES FAMEUSES

En octobre 1517, Martin Luther (1483-1546) fit afficher sur la porte de l'église du château de Wittenberg une longue liste d'arguments contre les indulgences (les « 95 thèses »). Il écrivit ensuite plusieurs livres sur la nécessaire réforme, insistant sur le salut par la foi au Christ, grâce de Dieu impossible à acheter.

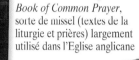

Book of Common Prayer, sorte de missel (textes de la liturgie et prières) largement utilisé dans l'Eglise anglicane

Plateau mobile pour le papier

CHEF DE L'ÉGLISE

En 1534, le roi d'Angleterre Henri VIII (1491-1547) obligea l'Eglise à rompre avec Rome car le pape refusait d'annuler son mariage avec Catherine d'Aragon. Henri se proclama chef de l'Eglise d'Angleterre. Tout en étant très proche de l'Eglise catholique, l'Eglise « anglicane » s'ouvrait désormais à la Réforme.

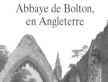

Abbaye de Bolton, en Angleterre

FERMETURE DES MONASTÈRES

Henri VIII ordonna à son Premier ministre, Thomas Cromwell (v. 1485-1540), d'établir un rapport sur les monastères. Comme Cromwell affirmait que beaucoup étaient riches et corrompus, le roi décréta leur fermeture. Il saisit tous leurs biens et les distribua à ses barons. Beaucoup de monastères abandonnés, comme celui-ci, tombèrent en ruine.

Portrait d'Henri VIII par Hans Holbein le Jeune (XVIᵉ siècle)

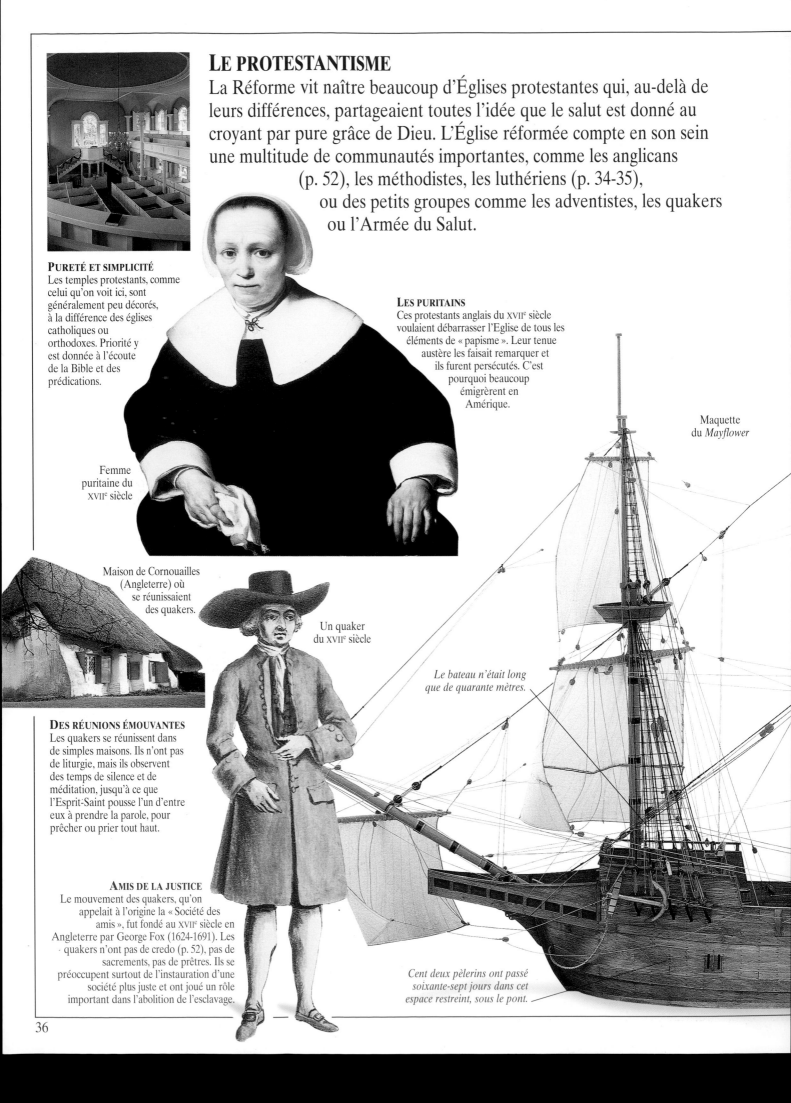

LE PROTESTANTISME

La Réforme vit naître beaucoup d'Églises protestantes qui, au-delà de leurs différences, partageaient toutes l'idée que le salut est donné au croyant par pure grâce de Dieu. L'Église réformée compte en son sein une multitude de communautés importantes, comme les anglicans (p. 52), les méthodistes, les luthériens (p. 34-35), ou des petits groupes comme les adventistes, les quakers ou l'Armée du Salut.

PURETÉ ET SIMPLICITÉ
Les temples protestants, comme celui qu'on voit ici, sont généralement peu décorés, à la différence des églises catholiques ou orthodoxes. Priorité y est donnée à l'écoute de la Bible et des prédications.

LES PURITAINS
Ces protestants anglais du XVIIᵉ siècle voulaient débarrasser l'Église de tous les éléments de « papisme ». Leur tenue austère les faisait remarquer et ils furent persécutés. C'est pourquoi beaucoup émigrèrent en Amérique.

Maquette du *Mayflower*

Femme puritaine du XVIIᵉ siècle

Maison de Cornouailles (Angleterre) où se réunissaient des quakers.

Un quaker du XVIIᵉ siècle

Le bateau n'était long que de quarante mètres.

DES RÉUNIONS ÉMOUVANTES
Les quakers se réunissent dans de simples maisons. Ils n'ont pas de liturgie, mais ils observent des temps de silence et de méditation, jusqu'à ce que l'Esprit-Saint pousse l'un d'entre eux à prendre la parole, pour prêcher ou prier tout haut.

AMIS DE LA JUSTICE
Le mouvement des quakers, qu'on appelait à l'origine la « Société des amis », fut fondé au XVIIᵉ siècle en Angleterre par George Fox (1624-1691). Les quakers n'ont pas de credo (p. 52), pas de sacrements, pas de prêtres. Ils se préoccupent surtout de l'instauration d'une société plus juste et ont joué un rôle important dans l'abolition de l'esclavage.

Cent deux pèlerins ont passé soixante-sept jours dans cet espace restreint, sous le pont.

Eglise méthodiste
« épiscopalienne »
aux Etats-Unis

John Wesley prêchant,
vitrail de la Wesley
Chapel à Londres
(Angleterre)

Croix de
Saint-George
(le drapeau
anglais)

À TRAVERS LE MONDE

C'est le prédicateur anglais John Wesley (1703-1791) qui fonda
l'Eglise méthodiste, au milieu du XVIIIe siècle. Depuis lors, cette
Eglise s'est largement répandue en Europe et aux Etats-Unis,
jusqu'à devenir le groupe protestant le plus nombreux. En
Amérique du Nord, l'Eglise épiscopalienne en est une branche
relativement indépendante.

PRÉDICATEUR ITINÉRANT

Wesley était un prêtre anglican qui avait
l'habitude de prêcher dehors pour qu'une plus
grande foule puisse l'entendre. Il prêcha dans
toute l'Angleterre et en Amérique du Nord.
Insistant sur la méthode donnée par la
Bible pour parvenir à la sainteté, il
fonda l'Eglise « méthodiste ».

ADORATION DANS LA JOIE

Les cultes dans l'Eglise méthodiste sont
semblables à ceux des anglicans et des
autres protestants, avec une succession
de chants, de prières, de lectures et
de prédications. Dans ce cadre, il arrive
que certains se dressent pour affirmer
joyeusement leur foi (comme dans cette
église d'Harare, au Zimbabwe).

LE VOYAGE DU MAYFLOWER

En 1620, un groupe de puritains anglais
et hollandais prit le large pour se rendre en
Amérique sur le *Mayflower*. Après un voyage
long et pénible, les « Pèlerins » débarquèrent
dans le Massachusetts, où ils fondèrent la colonie
de Plymouth. Ils pouvaient enfin vivre et pratiquer
leur religion comme ils le voulaient, sans craindre
les persécutions.

Réunion d'une
communauté
shaker, autour
de la
fondatrice,
Ann Lee
(1774)

UNE VIE SIMPLE

La « Société unie des croyants en la deuxième venue
du Christ », mouvement plus connu sous le nom de shaker,
a été fondée par mère Ann Lee (1736-1784) en 1758.
C'est aux Etats-Unis, au XIXe siècle, que le mouvement
s'est développé. Très peu nombreux aujourd'hui, ses
membres vivent dans une grande austérité, le plus souvent
en pratiquant l'artisanat. Ils sont réputés pour leurs
meubles, dont la simplicité reflète leur mode de vie.

Membre de
l'Armée du Salut

EN QUÊTE DU SALUT

L'Armée du Salut, fondée
par le pasteur méthodiste
William Booth (1829-1912)
à la fin du XIXe siècle, est
aujourd'hui une organisation
internationale qui se
consacre à l'aide aux
nécessiteux. On voit
souvent des « salutistes »
chantant et quêtant dans
la rue. Leur prédication,
centrée sur la Bible, insiste
sur l'immortalité de l'âme,
le salut par la foi et par
la grâce de Dieu.

RESPECT DES ANCIENS

Il existe une grande diversité d'Eglises
presbytériennes, mais elles ont toutes
en commun d'être gouvernées par des
« anciens », qu'ils soient ordonnés ou
laïcs. Cette organisation se réclame des
idées du réformateur Jean Calvin. Le
culte est simple, centré sur la prédication
et l'étude de l'Ecriture, comme l'illustre
cette peinture du XIXe siècle.

Membre de l'Armée du Salut
jouant de la trompette

Casquette d'uniforme de l'Armée du Salut

SOLDATS DE DIEU

L'Armée du Salut est organisée sur le modèle
militaire. Son chef est un « général », les divers
responsables sont appelés « officiers » et
les membres de cette « armée » sont des
« soldats ». Ils portent tous un uniforme
et signent un « engagement ».

Chapeau d'uniforme féminin
d'époque victorienne

UNE VIE SAINTE

Groupe fondé par un
successeur du réformateur
suisse Ulrich Zwingli (1484-
1531), les mennonites vivent
en communautés coupées
du monde et de ses péchés.
Ils sont pacifistes et se
consacrent volontiers à
l'aide aux plus pauvres.

Chapeau d'uniforme féminin moderne,
marqué de l'écusson rouge qui est
l'insigne de l'Armée du Salut

Enfants mennonites au Belize

SEPTIÈME CIEL

Les adventistes du septième jour,
comme ce couple au Mozambique,
attendent une période de 1 000 ans
pendant laquelle Satan régnera sur
terre, tandis qu'ils seront au ciel.
Après cela, Jésus reviendra, il
l'emportera sur Satan et créera
une Terre nouvelle. Les adventistes
ont beaucoup d'écoles et
de dispensaires.

UN TÉMOIGNAGE
SANS LIMITES

Tous les chrétiens considèrent
que l'évangélisation (le fait de
répandre l'Evangile) fait partie
de leur foi. Beaucoup de
protestants, comme ces
membres d'une Eglise du
Guatemala, sont des
évangélistes actifs. Ils
témoignent souvent de leur foi
en priant et en prêchant dans
les rues, hors du cadre étroit
de leurs temples, de sorte que
leur message puisse atteindre
tout le monde.

LA VIE CHRÉTIENNE

Les chrétiens s'efforcent de se conformer aux enseignements de Jésus. Tous les croyants appartiennent à la « communion des saints ». Mais certains vont plus loin, acceptant souffrance et persécutions pour leur foi, parfois même jusqu'au martyre. Certains de ceux qui ont ainsi vécu une vie de foi particulièrement intense sont déclarés « saints » par l'Église. Les saints sont surtout honorés par les catholiques et les orthodoxes, qui en font souvent des intermédiaires entre eux-mêmes et Dieu.

Croix de Sainte-Brigitte

Saint Georges et le dragon (ivoire)

Sainte Lucie (émail doré du Moyen Age)

NOURRIR CEUX QUI ONT FAIM
Brigitte, née en Irlande au VIᵉ siècle, entra au couvent et fonda un monastère à Kildare. Sa réputation de générosité envers les pauvres était grande, et l'on disait même qu'elle pouvait faire des miracles en leur faveur.

UNE SURVIE ÉTONNANTE
Nombreux sont les chrétiens qui furent persécutés par les Romains. Parmi eux, on connaît Lucie ; sa légende raconte que les Romains lui arrachèrent les yeux, mais qu'elle survécut miraculeusement. Elle fut finalement tuée d'un coup d'épée. Dans toutes les légendes sur les saints, il y a un point commun : le courage de résister sans trahir leur foi.

POURFENDEUR DE DRAGON
La légende de saint Georges en fait un soldat, au IIIᵉ siècle, dans une région de la Méditerranée orientale que terrorisait un dragon. Georges promet de tuer le dragon, qui allait dévorer la fille du roi, si les gens du pays se convertissent à Jésus et reçoivent le baptême. Ayant rempli sa promesse, Georges repart sans réclamer de récompense. Symbole de la lutte du bien contre le mal, saint Georges est très populaire.

La palme, symbole de la victoire du croyant sur les ennemis de l'âme, est souvent associée au martyre.

Yeux sur un plat

UNE VISION

Hubert, à qui appartenait ce cor, vécut au VIIIe siècle. Il devint chrétien à la suite d'une vision du crucifix, dans les bois du cerf qu'il chassait. Il se consacra ensuite à répandre la foi chrétienne dans son pays, la Belgique. Il devint évêque de Maastricht et de Liège.

Statue de saint Joseph en plâtre

UN HOMME D'INFLUENCE

Né en Afrique du Nord (dans la Numidie romaine) en 354, Augustin devint l'un des théologiens les plus influents de tous les temps. Professeur de rhétorique, converti au christianisme après avoir été tenté par la doctrine manichéenne, il devint évêque, comme le montre cette peinture du XVe siècle, à Hippone où il mourut en 430. Il a écrit de nombreux livres (*La Cité de Dieu* et les *Confessions* sont les plus connus) et commentaires bibliques.

Les saints Erasme et Maurice (peinture du XVIe siècle)

DES SAINTS POPULAIRES

Maurice, un soldat égyptien, et Erasme, évêque syrien, furent martyrisés à la fin du IIIe siècle. On sait très peu de chose sur eux, mais ils furent inclus dans la liste des martyrs et devinrent très populaires au Moyen Age.

UN SAINT DU XXIe SIÈCLE

Padre Pio, franciscain italien, était sûr de sa vocation religieuse depuis l'enfance, et il consacra toute sa vie au service de Dieu. Comme son « maître » saint François, il reçut les « stigmates » (marques miraculeuses des blessures reçues par Jésus lors de sa crucifixion). Sa réputation de sainteté s'étendit bientôt, et de nombreux fidèles venaient se confesser à lui. Il fut proclamé saint en 2002, trente-quatre ans après sa mort.

UNE VIE DE FAMILLE

La vie de famille est au cœur de la vie chrétienne. L'histoire du christianisme commence avec l'histoire d'une famille : Marie, Joseph et leur fils, Jésus. C'est donc là, pour les chrétiens, l'environnement idéal pour l'éducation des enfants. On voit ici une famille se rendant à l'église pour célébrer la Nativité.

JOSEPH LE PROTECTEUR

Joseph, qui a protégé Marie et Jésus enfant, joue un rôle essentiel dans le christianisme. Il est l'objet d'une grande dévotion, surtout parmi les catholiques, et nombreux sont ceux qui se réclament de son patronage.

AIDER SON PROCHAIN

Jésus a dit à ses disciples qu'il fallait aimer son prochain et partager ses biens avec les pauvres. Les chrétiens s'efforcent d'obéir à ces préceptes, individuellement ou collectivement. Il existe beaucoup d'organisations chrétiennes qui travaillent à soulager les souffrances dans le monde.

Orphelins recueillis par le Christian Tearfund

Cathédrale de Saint-Jacques-
de-Compostelle

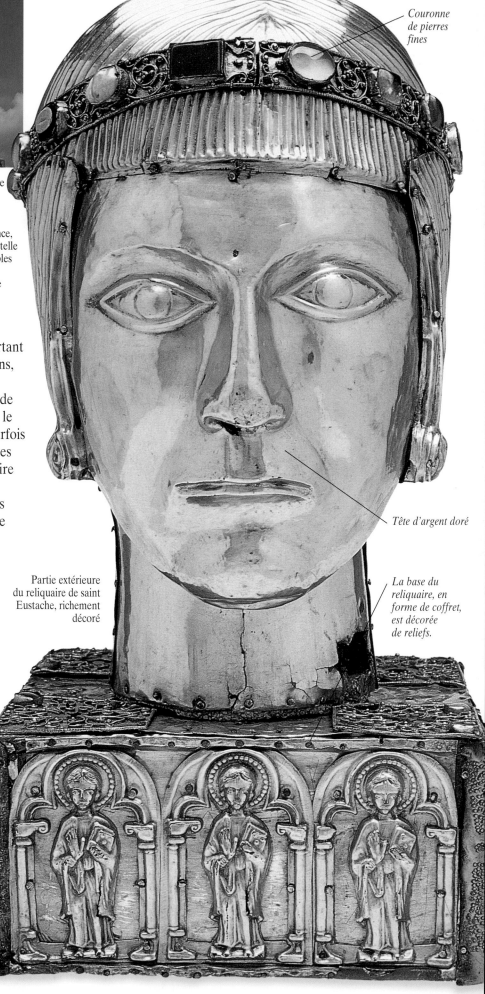

*Couronne
de pierres
fines*

Statue de la Vierge Marie
à Lourdes

LIEUX DE PÈLERINAGE

Saint-Jacques-de-Compostelle, en Espagne, et Lourdes, en France,
sont les deux pèlerinages les plus fréquentés d'Europe. Compostelle
est censé être le lieu de sépulture de saint Jacques, un des disciples
de Jésus. Lourdes, sanctuaire plus récent, est l'endroit où sainte
Bernadette, au XIXe siècle, eut plusieurs apparitions de la Vierge
et où eurent lieu des guérisons miraculeuses.

PÈLERINAGES ET RELIQUES

Un pèlerinage est un voyage vers un lieu important
du point de vue religieux. Beaucoup de chrétiens,
surtout catholiques, vont en pèlerinage, qu'il
s'agisse de faire pénitence, de demander de l'aide
ou de rendre grâce à Dieu. Les pèlerinages ont le
plus souvent pour destination un sanctuaire, parfois
lié à un saint particulier. On y trouve souvent des
« reliques » (des restes) de ce saint. Un sanctuaire
comme Lourdes attire bien des malades qui
demandent leur guérison, mais d'autres pèlerins
sont simplement à la recherche d'une croissance
spirituelle.

Tête d'argent doré

*Le couvercle se
soulève pour
qu'on puisse
voir les reliques.*

Partie extérieure
du reliquaire de saint
Eustache, richement
décoré

*La base du
reliquaire, en
forme de coffret,
est décorée
de reliefs.*

Partie intérieure,
constituant le reliquaire
proprement dit

DES RESTES
BIEN GARDÉS

Ce reliquaire d'un style recherché date
de 1240. Il a été fait pour préserver le crâne
de saint Eustache, un soldat converti au
christianisme au IIe siècle, et qui fut martyrisé.
On n'y a pas retrouvé le crâne entier mais
des ossements appartenant, dit-on, à
plusieurs saints.

PÈLERINS DE CHAUCER

Dans l'Angleterre médiévale, le pèlerinage le plus populaire était celui du sanctuaire de saint Thomas Becket. Le poète Geoffrey Chaucer, dans ses *Contes de Cantorbéry*, raconte une série d'histoires qu'il met dans la bouche de pèlerins se rendant à cheval de Londres à Cantorbéry.

La prieure

Le chevalier

L'homme de loi

La commère de Bath

L'écuyer

DES OSSEMENTS HONORÉS

Thomas Becket (1118-1170) était archevêque de Cantorbéry, sous le roi Henri II, au XIIe siècle. A la suite d'un différend, le roi le fit assassiner dans la cathédrale, par quatre de ses chevaliers. Un sanctuaire fut bien vite édifié, où ses restes furent placés dans ce superbe coffre.

Insigne de saint Thomas Becket (figurine en plomb)

« Ampoule » (petite flasque) à eau bénite en forme de coquille Saint-Jacques

Un des chevaliers tranche la tête de Thomas Becket.

INSIGNES DE PÈLERINS

Au Moyen Age, les pèlerins portaient volontiers un insigne pour montrer qu'ils avaient fait un pèlerinage. La coquille Saint-Jacques, insigne du pèlerinage à Compostelle, devint progressivement un insigne courant pour n'importe quel pèlerinage. Mais certains sanctuaires avaient leur insigne propre.

SUR LE CHAMP DE BATAILLE

Ce reliquaire, qui contenait des ossements de saints, fut transporté par l'abbé de l'abbaye écossaise d'Arbroath, à la bataille de Bannockburn. Cette bataille marqua la victoire des Ecossais, sous les ordres de Robert Bruce, sur les Anglais, en 1314.

DES OBJETS HONORÉS

Les reliques ne sont pas toujours des restes humains. On conserve aussi des objets, comme des fragments censés provenir de la croix du Christ ou du voile de Marie, ou des objets ayant appartenu à des saints (ainsi ces fragments d'os, de bois et de tissu présentés dans une abbaye bénédictine anglaise).

Boîte à reliques ornée d'une croix entourée de perles

Petits morceaux d'os sertis dans de l'or

RELIQUAIRES DE POCHE

Au Moyen Age, certains chrétiens aimaient avoir des reliques avec eux, pour se sentir plus proches de Dieu. On fabriquait donc de toutes petites boîtes à reliques. L'usage de l'or et des perles témoigne de la haute valeur qu'on attribuait à ce que l'on y plaçait.

LES MOINES ET LES RELIGIEUSES

Certains chrétiens ressentent le besoin de vivre à l'écart, dans des communautés entièrement vouées au service de Dieu. Ces communautés sont des « monastères » ou des « couvents ». Ceux qui y vivent, « moines » ou « religieux », « moniales » ou « religieuses », font vœu de pauvreté, de chasteté et d'obéissance ; ils renoncent à leurs biens et à l'exercice de leur sexualité, et promettent d'accepter l'autorité de leur supérieur et la règle de la communauté. Il y a des ordres religieux « actifs », comme les Franciscains ou les Dominicains, ou « contemplatifs », comme les Bénédictins. Le monachisme est plus important dans les Églises catholique et orthodoxe.

VIE RELIGIEUSE

Au Moyen Age, on créa beaucoup de nouveaux ordres religieux, car bien des gens souhaitaient vivre selon des règles plus strictes que celles qui régissaient les grands ordres existants. Les religieux et religieuses de différents ordres sont généralement reconnaissables à leur habit.

PÈRES DU DÉSERT

C'est au IIIe siècle, en Egypte, qu'apparut le « monachisme », quand des hommes comme saint Antoine se retirèrent dans la solitude pour vivre en « ermites ». Ces « pères du désert » se regroupèrent ensuite pour former des monastères. Leur tradition est encore vivante dans l'Eglise copte.

UNE VIE SIMPLE

Saint Benoît rédigea sa règle au monastère du mont Cassin, en Italie. Elle impose une vie de prière, de travail et d'étude. La règle « bénédictine », largement adoptée, est encore en vigueur dans beaucoup de monastères.

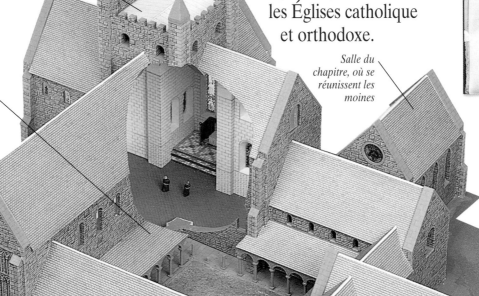

Eglise

Cloître

Salle du chapitre, où se réunissent les moines

Réfectoire

Jardin potager

Porterie ou bâtiment d'entrée du monastère

Dortoir

Un mur sépare le monastère du monde extérieur.

Infirmerie

MONASTÈRE TRADITIONNEL

Un monastère offre aux moines et moniales un lieu où ils peuvent vivre, travailler et prier. Traditionnellement, les bâtiments et l'église entouraient une sorte de cour, le cloître. Certaines grandes abbayes sont encore sur ce modèle, typique surtout au Moyen Age.

L'ŒUVRE DE DIEU

Ce qui compte le plus, pour un moine contemplatif, c'est l'observance régulière de la prière commune à des heures fixées – ce que saint Benoît appelait l'« œuvre de Dieu » : on dit aujourd'hui l'« office ». Tout le monde se rassemble à l'église, un certain nombre de fois par jour (et parfois la nuit), pour prier, lire des passages de la Bible ou des Pères de l'Eglise et chanter des psaumes.

MOINES-SOLDATS

Au Moyen Age, il existait des ordres religieux guerriers, comme ceux qui gardaient les lieux saints et protégeaient les pèlerins se rendant en Terre sainte. Cette réserve de poudre à fusil porte l'emblème d'un de ces ordres, les Chevaliers de Saint-Jean.

« Livre d'heures », pour l'office monastique (XVe siècle)

Moine
bénédictin

Religieuses clarisses
(franciscaines)

PRIÈRE PERSONNELLE

En plus de l'office, la prière personnelle joue un rôle important dans la vie des religieux et religieuses. Ces sœurs franciscaines clarisses (ordre fondé par sainte Claire, amie de saint François, et particulièrement austère) sont en train de dire le rosaire.

LUMIÈRE DIVINE

Les cierges sont un symbole de la lumière du Christ éclairant les ténèbres et ont longtemps été une nécessité : l'office comprend plusieurs « heures » nocturnes. L'office de matines est souvent récité vers deux ou trois heures du matin, et celui de complies avant d'aller se coucher.

PIEUSES LECTURES

Les moines sont encouragés à lire et relire la Bible, ainsi que d'autres écrits comme ceux des Pères de l'Eglise. Il ne s'agit pas d'une lecture critique qui cherche à analyser les textes, mais de ce qu'on appelle la *lectio divina*, dont le but est une communion plus étroite avec Dieu dans la contemplation. Le lecteur doit se laisser progressivement pénétrer par le texte.

PLANTES MÉDICINALES

Au Moyen Age, les moines réservaient généralement un coin du potager aux herbes médicinales, comme la menthe poivrée, la marjolaine, la jusquiame ou l'aigremoine, qu'on utilisait en baumes et onguents, en infusions, potions, etc. Les moines ont rédigé des traités d'utilisation des « simples » et nous ont laissé des herbiers. Certaines plantes (comme la digitale) sont utilisées encore aujourd'hui.

VIE QUOTIDIENNE

Même si ce sont la prière et l'office qui forment le cœur de la vie monastique, le travail garde toute son importance car moines et religieuses doivent gagner leur vie et celle des membres de la communauté qui ne peuvent pas travailler. Beaucoup de monastères produisent ce qu'ils consomment et, en outre, vendent ce qu'ils fabriquent. Au Moyen Âge, ils étaient souvent l'unique recours pour les soins médicaux et le seul lieu d'études. De nos jours encore, l'atmosphère d'étude et de sérénité qui règne dans les monastères attire beaucoup de gens.

Moines au réfectoire ; au fond, le lecteur

DE QUOI
SE NOURRIR L'ESPRIT

Dans la plupart des monastères, le repas est pris en commun. La nourriture est simple et souvent dépourvue de viande, au moins pendant le Carême (période de quarante jours avant la fête de Pâques). Les repas sont pris en silence et souvent un des moines fait la lecture à haute voix.

L'ENCENS

L'encens, utilisé dans la liturgie catholique et orthodoxe, est fabriqué dans quelques monastères. Cette substance qui produit une fumée odorante quand on la brûle demande tout un travail d'élaboration, depuis la résine brute jusqu'aux grains qui seront vendus ou utilisés sur place.

1 PRÉPARATION
La résine d'oliban ou de genévrier utilisée pour fabriquer l'encens a une odeur agréable. Elle est écrasée en tout petits morceaux qui sont mêlés à une huile concentrée.

2 SÉCHAGE
Les petits morceaux de résine odorante sont ensuite étalés sur des claies où ils peuvent sécher. Ils seront ensuite conditionnés pour être vendus.

Grains d'encens bruts et élaborés

Presse à hosties
décorée

PAIN SANS LEVAIN

Dans beaucoup d'Eglises, on utilise
pour la communion des hosties,
fabriquées spécialement
(souvent dans des
monastères). On utilise de la
pâte à pain sans levure, qui est
pressée en galettes très fines,
marquées ou non de symboles
chrétiens et découpées en petits
disques.

DANS DES PAYS LOINTAINS

Nombre de religieux et de
religieuses s'en vont loin de chez
eux, dans des pays touchés par la
famine, les maladies ou autres
catastrophes. Beaucoup de religieux
s'emploient ainsi à sauver des vies
ou à aider à l'éducation d'enfants
qui n'ont pas accès à l'école.

Religieuse distribuant
de l'huile, au Ruanda

*Psautier latin
enluminé*

*Lutrin, dont
l'inclinaison
facilite l'écriture
ou la lecture*

*Religieuse étudiant
le cadre d'une
ruche pour voir si
le miel est bon pour
la récolte*

ÉCRIRE POUR DIEU

Au Moyen Age, les moines étaient à peu près les
seuls à savoir écrire et ce sont eux qui fabriquaient
les livres, page à page, à la main. Les manuscrits,
comme cette page de musique, étaient souvent
splendidement décorés. Avec une patience inlassable,
ils recopiaient les livres anciens (Bible et livres
de théologie, mais aussi de philosophie, d'histoire
et de science). La tradition de travail intellectuel
est toujours vivante dans les monastères.

Tablettes de cire,
pour recopier
des petits textes

UNE DOUCEUR SYMBOLIQUE

Le miel est un symbole souvent
utilisé dans la Bible. Pour les
chrétiens, il exprime la douceur
des paroles de Jésus. C'est aussi un
mets recherché. Cette religieuse
franciscaine a appris à soigner les
abeilles. Le miel et la cire récoltés
serviront à la communauté et le
surplus sera vendu, pour faire
vivre le monastère.

*Sur la bannière de l'ange,
on peut lire : « Devant
le Seigneur, mille ans
sont comme
un jour »
(2 Pierre 3, 8)*

Assiette
fabriquée pour
commémorer
l'an 2000

POTERIE CHRÉTIENNE

L'atelier de poterie créé par les moines bénédictins
de l'abbaye de Prinknash, en Angleterre, produit des
objets tout simples, destinés à servir quotidiennement,
et de la poterie décorative, moins directement utilitaire.
Leur assiette du millénaire porte l'image d'un ange pour
rappeler que l'arrivée de l'an 2000 est un événement
chrétien : le 2000ᵉ anniversaire de la naissance du Christ.

LE SACERDOCE

Les prêtres, ou les pasteurs dans un grand nombre d'Églises protestantes, sont chargés de l'accompagnement spirituel et de la célébration des sacrements. Ils jouent le rôle principal dans le culte et les rites religieux. La vie d'un prêtre ou d'un pasteur est exigeante, et ceux qui la choisissent le font par « vocation » (appel spirituel qu'ils ont ressenti). Dans les Églises catholique et orthodoxe, les prêtres reçoivent l'« ordination sacerdotale », qui est un sacrement qui les lie pour toute la vie. Ce n'est pas le cas chez les protestants : un pasteur n'est pas « ordonné » et peut quitter sa charge.

ÉVÊQUE
Cette pièce d'échecs ancienne, en ivoire, représente un évêque ; chez les catholiques, les orthodoxes et les anglicans, c'est le responsable des prêtres d'un « diocèse » (p. 30).

PRÊTRES RÉGULIERS
On appelle « prêtre régulier » celui qui est à la fois prêtre et membre d'un ordre religieux, comme cet abbé bénédictin. Les autres membres du clergé catholique sont appelés « prêtres séculiers ». Ce sont ceux-là qui travaillent dans les paroisses et dépendent d'un évêque.

Mitre. Celui qui la porte est un abbé (et a rang d'évêque)

Crosse (moderne, en argent), symbole du pouvoir de l'abbé ou de l'évêque

Capuchon, ou « coule »

Cape rouge, portée lors de grandes fêtes comme Pâques, la Pentecôte ou Noël

La croix, comme l'anneau, est elle aussi symbole épiscopal

Le surplis, vêtement liturgique, est porté sous la cape, par-dessus l'habit monastique.

Habit monastique

Abbé bénédictin en tenue de grande cérémonie liturgique

SIMPLICITÉ

L'Eglise anglicane autorise aujourd'hui les femmes, aussi bien que les hommes, à être prêtres. La plupart du temps, leur tenue est simple, mais ils sont le plus souvent reconnaissables à leur col de « clergyman ». Pendant les services liturgiques, ils portent généralement des vêtements particuliers.

Col de clergyman (les Anglais l'appellent « collier de chien », dog collar)

Prêtre anglican en tenue de tous les jours

Prêtre anglican en vêtements liturgiques

LES SEPT SACREMENTS

Catholiques et orthodoxes célèbrent sept sacrements, c'est-à-dire des rites qui constituent un signe visible d'une grâce particulière de Dieu. Les sacrements, représentés sur ce tableau du XVe siècle, sont l'ordre, la confirmation, l'eucharistie, la pénitence, l'onction des malades, le baptême et le mariage. Beaucoup d'Eglises protestantes n'en reconnaissent que deux, le baptême et la communion.

Saint Ignace de Loyola

PRÊTRES ENSEIGNANTS

La Société de Jésus (les « Jésuites ») est un ordre de prêtres catholiques fondé au XVIe siècle par un ancien soldat espagnol, Ignace de Loyola. Les Jésuites sont depuis l'origine engagés dans le travail missionnaire (ils sont les premiers à avoir été en Chine) et l'éducation. Ignace de Loyola a été canonisé.

VÊTEMENTS SYMBOLIQUES

Quand ils célèbrent la liturgie, les prêtres portent des vêtements particuliers : l'aube est une longue tunique blanche ; la chasuble qui la recouvre et l'étole, sorte d'écharpe, ont des couleurs liées aux temps liturgiques. Les vêtements traditionnels qu'on voit ici évoquent ceux que portaient les premiers chrétiens à Rome.

L'ÉGLISE

Le mot « Église » désigne une communauté de chrétiens, mais aussi le bâtiment dans lequel ils se réunissent pour le culte. Il existe une grande variété d'églises, de la cathédrale à la chapelle privée, mais elles ont des points communs : un espace central, appelé « nef », où prennent place les fidèles, et un « chœur », où se trouve l'autel (p. 52). Certaines disposent en plus de chapelles latérales, pour la prière individuelle, et d'une sacristie, où les prêtres se préparent avant la liturgie, et où peuvent se dérouler les baptêmes.

LIEUX DE RECUEILLEMENT
Les églises les plus anciennes sont petites et très simples. Cette modeste chapelle irlandaise du VIe siècle, sans fenêtres, est plutôt un « oratoire » (lieu où l'on prie individuellement) qu'une église où l'on peut se réunir pour prier en commun.

Bénitier orné

UNE EAU SAINTE
A l'entrée de l'église se trouve souvent un petit bassin, le bénitier. Il contient de l'« eau bénite », avec laquelle ceux qui entrent font sur eux-mêmes un signe de croix, rappelant ainsi leur baptême.

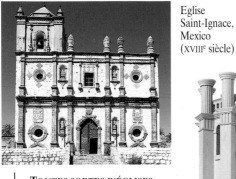

TOUTES SORTES D'ÉGLISES
Aux différentes époques, les bâtisseurs d'églises ont adapté différemment le plan de base de la « basilique » romaine, à laquelle ils ont ajouté un clocher. Les grands styles d'architecture religieuse, qui concernent le plus souvent les églises catholiques, sont le roman, le gothique et le baroque.

Eglise Saint-Ignace, Mexico (XVIIIe siècle)

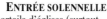

ENTRÉE SOLENNELLE
Les portails d'églises (surtout les églises et cathédrales anciennes) sont parfois ornés de sculptures, statues de saints et scènes bibliques. Ce portail de style roman est surmonté par une Vierge à l'Enfant, entourée par les mages.

Portail de l'église de Loches (XIIe siècle)

Statue représentant un évêque

Statue représentant saint Pierre

Maquette de l'église baroque Saint-Georges-de-l'Est, à Londres (Angleterre)

UN MONDE EFFRAYANT
Au Moyen Age, les bâtisseurs d'églises plaçaient souvent des sculptures de monstres sur les murs extérieurs (les « gargouilles »). En regardant ces visages grotesques, diaboliques, les gens savaient qu'ils avaient besoin d'être protégés du mal qui régnait dans le monde.

DES ÉVANGILES DE VERRE
Dans les églises anciennes, les vitraux servaient de livres pour l'instruction des gens du peuple, qui ne savaient pas lire. On y voyait des scènes et des personnages bibliques. Les symboles chrétiens comme ce poisson de l'abbaye de Prinknash, en Angleterre, sont particulièrement populaires aujourd'hui.

Retable d'une église allemande (XVᵉ siècle)

AU CENTRE DE L'ATTENTION

La partie arrière de l'autel, dans un certain nombre d'églises anciennes, est un retable, peint ou sculpté, qui concentre l'attention sur l'autel. Le décor est tiré de scènes bibliques ou de vies de saints. Ici, une nativité (celle de Marie ou celle de Jésus).

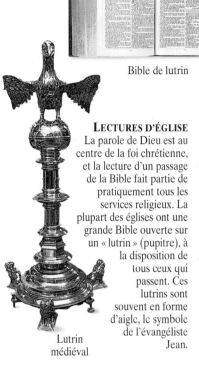

Bible de lutrin

LECTURES D'ÉGLISE

La parole de Dieu est au centre de la foi chrétienne, et la lecture d'un passage de la Bible fait partie de pratiquement tous les services religieux. La plupart des églises ont une grande Bible ouverte sur un « lutrin » (pupitre), à la disposition de tous ceux qui passent. Ces lutrins sont souvent en forme d'aigle, le symbole de l'évangéliste Jean.

Lutrin médiéval

UNE POSITION ÉLEVÉE

La tribune du haut de laquelle le prêtre ou le pasteur se tient pour prêcher s'appelle une « chaire ». La chaire est généralement surélevée, pour que les fidèles voient et entendent mieux le prédicateur. Dans les temples protestants, elle est souvent située en plein milieu, pour souligner l'importance de la prédication de la parole de Dieu.

Chaire d'une église portugaise

BIEN ASSIS

Dans les églises catholiques, comme cette chapelle d'un monastère anglais, les fidèles font face à l'autel, qui est le centre du lieu de culte. Dans les églises orthodoxes, l'autel est caché par l'iconostase (p. 32) et il y a peu de sièges ; les fidèles sont donc fréquemment debout. Dans les temples protestants, ils sont souvent assis face à la chaire.

LA SAINTE COMMUNION

Pour les chrétiens, le rite le plus important est la réactualisation du dernier repas de Jésus, quand il donna à ses disciples le pain et le vin qu'il avait consacrés. Les catholiques l'appellent la « messe » ou l'« eucharistie ». Les orthodoxes parlent de la « sainte liturgie ». Les protestants l'appellent la « sainte cène ». Dans toutes les Églises, le pain et le vin sont identifiés au corps et au sang du Christ, selon ses propres paroles. Les protestants y voient le rappel du sacrifice du Christ. Catholiques et orthodoxes croient en la « présence réelle » du Christ sous les « espèces » du pain et du vin.

CHEZ LES ANGLICANS

Toutes les branches de l'Eglise chrétienne célèbrent la dernière cène, chacune à sa manière. On voit ici comment se déroule la célébration dans l'Eglise anglicane. La première partie du service est centrée sur la Parole (p. 54) : une ou plusieurs lectures bibliques, le Credo (sorte de résumé de la foi commune), diverses prières traditionnelles et la prédication. La seconde partie est centrée sur la célébration de la cène du Seigneur.

1 IL PRIT LE PAIN
Le prêtre rappelle ce que fit Jésus lors du dernier repas et reprend les mots qu'il prononça. Il prend lui-même en main le pain.

2 IL LE BÉNIT
Le prêtre rend grâce à Dieu et prononce la bénédiction du pain, exactement comme Jésus le fit lors de son dernier repas, rapporté par les Evangiles.

3 IL LE ROMPIT
Toujours en suivant rigoureusement ce que fit Jésus, le prêtre rompt le pain en signe de partage.

4 PRENEZ ET MANGEZ
Le prêtre invite les fidèles à communier au corps du Christ et, parfois, prend lui-même un morceau de pain consacré. Mais, le plus souvent, le prêtre ne communie qu'après la bénédiction du vin.

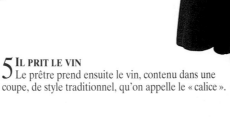

5 IL PRIT LE VIN
Le prêtre prend ensuite le vin, contenu dans une coupe, de style traditionnel, qu'on appelle le « calice ».

Le prêtre lève la main droite, en signe de bénédiction.

Le prêtre distribue le pain (qui peut prendre la forme de petites hosties) aux fidèles qui viennent communier.

6 IL LE BÉNIT
Comme il l'a fait pour le pain, le prêtre rend grâce à Dieu et bénit le vin qui représente le sang du Christ (souvenir ou réalité, selon le dogme des différentes Eglises), comme il l'a dit lui-même.

7 PRENEZ ET BUVEZ
Le prêtre élève le calice. Il boit du vin consacré ou prend d'abord le pain, avant de communier au sang du Christ. Quand plusieurs prêtres célèbrent en même temps (les « concélébrations » sont fréquentes chez les catholiques, aujourd'hui), ils communient tous au pain et au vin, corps et sang du Christ.

8 MANGEZ-EN TOUS
Le prêtre distribue ensuite la communion aux fidèles. Pain rompu en petits morceaux ou hosties, plus fréquentes dans les messes catholiques.

9 BUVEZ-EN TOUS
La communion des fidèles au calice est habituelle pour les anglicans et certains protestants, elle est plus rare dans les célébrations catholiques, au moins en Europe de l'Ouest, où les messes rassemblent de très nombreux fidèles.

COUPE SACRÉE
Ce calice d'argent travaillé date du XVIᵉ siècle. Certaines églises possèdent encore de tels objets, mais en général des calices plus simples sont utilisés pour les liturgies.

UNE ASSIETTE PRÉCIEUSE
L'assiette sur laquelle est déposé le pain consacré s'appelle une « patène ». Les patènes, comme les calices, sont souvent en métal précieux, pour mieux témoigner du respect envers le pain et le vin consacrés.

Cases pour les différents éléments

Boîte pour transporter des hosties consacrées

EN VOYAGE
Le lieu normal pour célébrer la messe (la « sainte cène ») est l'église. Mais il peut arriver que cela se passe ailleurs, chez un malade, par exemple. Il existe donc des valises-sacristies, où le prêtre trouvera, bien rangé, tout ce qui lui est nécessaire.

LA PAROLE

Les « sermons » ou « homélies » font, depuis l'Antiquité, partie des services religieux. Ce bois gravé de 1491 montre combien ils étaient populaires au Moyen Age. Le prédicateur prend généralement comme point de départ un passage de la Bible qu'on vient de lire.

ADORER DE DIVERSES MANIÈRES

La foi chrétienne attache beaucoup d'importance au culte communautaire, c'est pourquoi les chrétiens se réunissent régulièrement pour louer Dieu, confesser leurs péchés et affirmer leur foi en Jésus-Christ. Il y a bien des manières d'adorer Dieu, de lui rendre un culte : lire la Bible, chanter des hymnes et des psaumes, prier, ce sont là divers aspects des services religieux (on parle de « liturgie ») dans lesquels les chrétiens se retrouvent. Quelles que soient les différences d'une Église à l'autre, ces éléments sont généralement présents. Mais pour les chrétiens convaincus, le service de Dieu ne se limite pas aux moments passés à l'église. C'est leur vie entière qui lui est consacrée.

PRIÈRE QUOTIDIENNE

Les religieux et les prêtres catholiques utilisent un « bréviaire » qui contient les « offices » ou « heures canoniques », c'est-à-dire les textes lus et les psaumes et prières récités aux différentes heures de la journée (p. 45).

Bréviaire médiéval

OBJETS DE PIÉTÉ

Parmi les objets de la dévotion chrétienne, la croix occupe la place principale. Cette croix très simple, en bois d'olivier, est un souvenir de Terre sainte.

Représentation de Dieu se reposant le septième jour, le sabbat

JOUR DE REPOS

Depuis des siècles, les juifs observent le sabbat. Ce jour, le samedi, est consacré au repos et au culte, selon le commandement biblique. Les premiers chrétiens ont transposé cela au dimanche, jour de la résurrection. C'est encore aujourd'hui jour de repos et d'assemblées religieuses dans tous les pays chrétiens.

PSAUMES POPULAIRES

Le livre biblique des Psaumes a souvent été édité à part. Ainsi ce psautier du XIIIe siècle, exemple de nombreux et superbes volumes médiévaux. Les Psaumes sont encore largement utilisés dans la liturgie et la prière des chrétiens.

ANCIEN ET MODERNE

La joie religieuse s'exprime souvent dans le chant. On connaît, par exemple, de nombreux chants de Noël, traditionnels ou récents.

SYMBOLES CHRÉTIENS

Les objets usuels qu'on trouve dans les temples ou églises, comme ce coussin, sur lequel on peut s'agenouiller pour prier, sont souvent marqués de symboles chrétiens. Les clefs sont le symbole de saint Pierre, à cause de la parole du Christ, confiant à Pierre « les clefs du royaume des cieux », rapportée par l'Evangile de Matthieu.

Le texte est en latin.

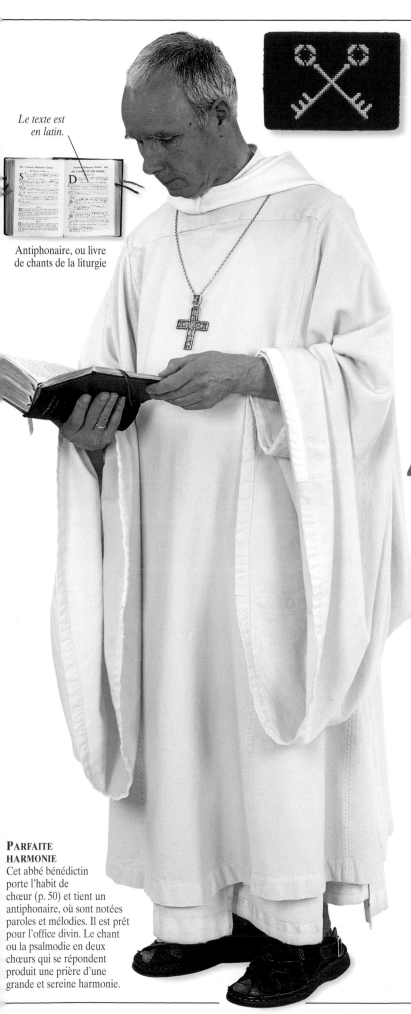

Antiphonaire, ou livre de chants de la liturgie

DES LIVRES SOMPTUEUX

Dans l'Europe médiévale, seuls les gens riches, souvent des princes, possédaient des livres. C'étaient souvent des ouvrages religieux, comme ce « livre d'heures » richement enluminé, qui permettaient la récitation d'offices privés.

Ange sculpté de l'autel de la cathédrale Saint-Michel à Chicago (Etats-Unis)

PRIÈRE

Les chrétiens prient pour toutes sortes de raisons. Pour louer Dieu et célébrer la Création, pour demander pardon pour leurs fautes, pour implorer l'aide de Dieu, pour eux-mêmes ou pour les autres, individuellement et en groupe…

Tuyaux d'orgues en métal et en bois

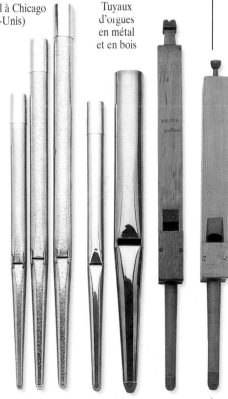

PARFAITE HARMONIE

Cet abbé bénédictin porte l'habit de chœur (p. 50) et tient un antiphonaire, où sont notées paroles et mélodies. Il est prêt pour l'office divin. Le chant ou la psalmodie en deux chœurs qui se répondent produit une prière d'une grande et sereine harmonie.

Orgue moderne

MUSIQUE D'ÉGLISE

L'orgue est un instrument capable de produire une étonnante variété de sons. Il est l'instrument traditionnellement utilisé dans les églises, pour accompagner les chants ou les moments de prière personnelle. L'orgue fonctionne en propulsant de l'air dans des tuyaux de longueur et de largeur différentes. L'organiste actionne en même temps des touches et des pédales.

Prêtres anglicans portant
une étole de couleur

UN CALENDRIER CHRÉTIEN

L'année chrétienne se répartit en deux grands cycles. Le premier commence avec l'Avent, qui est le temps de préparation à Noël, fêté le 25 décembre. Mais le cœur du calendrier chrétien est la fête de Pâques, où l'on célèbre la mort et la résurrection de Jésus (la date dépend des phases de la lune). Cela commence par une période de quarante jours de préparation, le Carême, que suit la Semaine sainte, clôturée par le dimanche de Pâques, fête de la résurrection du Christ. Le « temps pascal » se termine avec la fête de Pentecôte, qui célèbre le don de l'Esprit-Saint.

Noix et
figues
sèches

DES CADEAUX POUR LES ENFANTS SAGES

L'Epiphanie, le 6 janvier, célèbre la venue des mages à Bethléem, première manifestation de Jésus au monde païen. En Espagne, ce sont les Rois mages (et non le Père Noël ou Santa Klaus) qui apportent des cadeaux ; en remerciement, les enfants leur offrent des noix et des fruits secs. Le « charbon » (en réalité des bonbons) est destiné à ceux qui ne méritent pas de cadeau.

Sac de bonbons
« charbon »

COULEURS LITURGIQUES

Les vêtements que portent les prêtres pour les célébrations sont de différentes couleurs, selon le temps ou la fête célébrée : violet pendant le Carême et l'Avent, blanc à Noël et à Pâques, rouge à la Pentecôte, vert ensuite, pour le « temps ordinaire ».

Petite fille
espagnole, portant
des mages en
chocolat

*« Aujourd'hui vous est né
un Sauveur, qui est le Christ Seigneur,
dans la ville de David »,
dit l'Ange du Seigneur aux bergers*

(LUC 2, 11)

Calendrier de l'Avent
allemand

QUATRE LONGUES SEMAINES

Le temps de l'Avent compte quatre dimanches avant le jour de Noël. On célèbre pendant ce temps Jean-Baptiste, le « précurseur », l'annonce du Messie et sa deuxième venue, à la fin des temps. Pour marquer spécialement cette attente de Noël, les enfants ont parfois des calendriers de l'Avent, avec une petite surprise pour chaque jour.

Mets de Noël
traditionnels
aux Etats-Unis

JOYEUSES FESTIVITÉS

La naissance de Jésus est célébrée le 25 décembre dans toutes les Eglises chrétiennes. Beaucoup de traditions non religieuses se sont greffées sur la célébration de la naissance de Jésus. Les gens décorent leur maison et échangent des cadeaux. Il est également traditionnel de faire un bon repas, le « réveillon » (pas toujours après la cérémonie religieuse, comme il était de règle à l'origine).

SOUVENIR ÉVOCATEUR

Les « crèches » sont des sortes de maquettes représentant l'étable où est né Jésus, avec Marie, Joseph, les mages, les bergers et des animaux. Elles évoquent ce que nous disent les Evangiles sur la naissance de Jésus et rappellent à tous le message chrétien. Celle qu'on voit ici vient du Salvador.

UNE PÉRIODE SOLENNELLE
Le Mardi gras, dernier jour avant le Carême, est traditionnellement un jour où l'on fait la fête. Pour certains, c'est le moment de confesser ses péchés. Le Carême qui suit est un temps de pénitence. Autrefois, c'était un temps de jeûne, mais aujourd'hui la plupart des chrétiens jeûnent seulement le mercredi des Cendres, premier jour du Carême, et le Vendredi saint.

Casque italien de parade pour le Carême (XVIe siècle)

Couronne de feuilles de palmier

DIMANCHE DES RAMEAUX
Le dimanche avant Pâques, les chrétiens commémorent l'entrée de Jésus à Jérusalem. Certains l'évoquent par des processions, ou simplement par la bénédiction de rameaux de buis ou de palmes (comme à Jérusalem). Commence ensuite la Semaine sainte.

Sur cette croix, Jésus est représenté en roi.

Moine bénédictin tenant une croix de procession

UNE VIE NOUVELLE
Pâques est la fête de la résurrection de Jésus. A l'église, les prêtres lisent l'évangile qui raconte toute l'histoire – procès, crucifixion et résurrection – et célèbrent dans la joie et les chants le Christ ressuscité. Les œufs, symboles de vie, décorés ou faits en sucre et en chocolat, font partie de la fête traditionnelle.

Citrouille pour Halloween

UNE FÊTE RENOUVELÉE
La fête de Halloween, très populaire aux Etats-Unis, est aujourd'hui célébrée aussi en Europe. C'est une très ancienne fête païenne celte d'automne, qui évoque la mort et la résurrection. Les chrétiens la rattachent donc au jour des Morts. La citrouille, creusée en face grotesque et illuminée de l'intérieur, en est un élément favori.

Bague de feuille de palmier

Jeune Ethiopien en costume de dimanche des Rameaux

VIE ET MORT
Le jour des Morts, le 2 novembre, est très populaire chez les catholiques, au point d'avoir éclipsé la Toussaint, fête de tous les saints, célébrée la veille. On y prie pour les défunts et l'on fleurit les tombes. Au Mexique, on y échange des cadeaux, comme ce crâne en sucre, évocateur de la mort mais aussi de la continuité de la vie.

LE CYCLE DE LA VIE

Pour un chrétien, les différentes étapes de la vie sont marquées par un acte religieux, ecclésial. Les rites en sont le baptême, « sacrement » (p. 49) qui marque l'entrée dans l'Église, puis la confirmation, ou profession de foi, qui exprime un engagement dans la foi. Le mariage, sacrement, pour les catholiques, de l'union d'une femme et d'un homme devant la communauté écclésiale, et les funérailles, célébration en l'honneur d'une personne décédée, sont également célébrés à l'église.

Broderie évoquant la confirmation (croix et geste de la prière)

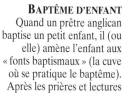

UN ENGAGEMENT POUR LA VIE
Quand un bébé est baptisé, les parents et les parrains s'engagent à sa place à vivre en chrétiens. Quand il est assez grand, l'enfant ratifie cet engagement. Après un temps de préparation, celui qui est confirmé confesse la foi chrétienne et renonce au mal. L'évêque lui impose les mains et le bénit.

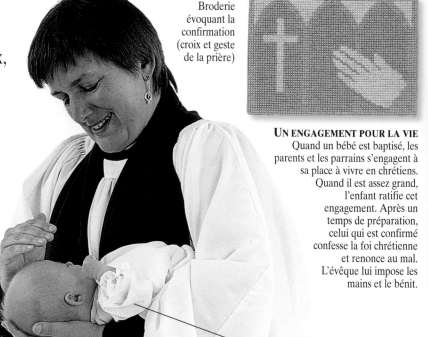

Le bébé est vêtu de blanc, symbole de pureté.

Prêtre anglican baptisant un bébé

Fonts baptismaux remplis d'eau, qui a été bénie à Pâques

NÉ DE NOUVEAU
Dans l'Eglise baptiste, on ne baptise que des adultes, en âge d'affirmer eux-mêmes leur foi en Dieu. Celui qui vient de confesser sa foi est immergé complètement dans l'eau, rite qui symbolise la nouvelle naissance d'un être purifié.

LE BAPTÊME DE JÉSUS
Le baptême de Jésus par Jean, dans le Jourdain, a poussé un certain nombre d'Eglises protestantes à pratiquer le rite du baptême de la même manière. Le baptême « par immersion » veut symboliser la mort, l'ensevelissement et la résurrection de Jésus.

BAPTÊME D'ENFANT
Quand un prêtre anglican baptise un petit enfant, il (ou elle) amène l'enfant aux « fonts baptismaux » (la cuve où se pratique le baptême). Après les prières et lectures prévues, il verse de l'eau sur la tête de l'enfant en disant : « Je te baptise, au nom du Père, du Fils et du Saint-Esprit. » Chez les catholiques, on oint ensuite le front de l'enfant avec une huile (le « saint chrême »), pour l'assimiler symboliquement au Christ « prêtre, prophète et roi » (fonctions dont le signe est l'onction).

La mariée porte un symbole de chasteté (le voile blanc).

JUSQU'À CE QUE LA MORT NOUS SÉPARE

Pour les chrétiens, le mariage est un engagement définitif, et certaines Eglises, comme l'Eglise catholique, n'admettent pas le divorce. Le mariage est donc non seulement un événement joyeux, mais aussi quelque chose de sérieux. Les rites du mariage sont riches en symboles. Par exemple, les couples orthodoxes portent une couronne pour signifier qu'ils sont les maîtres d'un royaume : leur famille.

Les lis sont symboles de pureté ; ils évoquent la Vierge Marie.

JOYEUSES CÉRÉMONIES

Dans toutes les Eglises à travers le monde, on célèbre des mariages. Ce sont des occasions de réjouissances, avec de nombreux invités. Le célébrant s'assure que le couple est libre de se marier ; les futurs époux échangent des vœux et un anneau. La cérémonie s'achève par une bénédiction.

La colombe rappelle au couple la présence nécessaire de l'Esprit Saint.

Coussin de mariage

Broches de deuil du XIXᵉ siècle. Autrefois, la famille proche s'habillait de noir pour signifier le deuil.

Jeton d'ivoire médiéval montrant une scène d'inhumation

CÉLÉBRATION D'UNE VIE

Quand quelqu'un meurt, son corps est placé dans un cercueil et porté à l'église. Une cérémonie réunit ses proches ; on y évoque le défunt. Les prières, lectures et chants rappellent à tous que, si la vie du corps est terminée, l'âme survit. Finalement, après une bénédiction solennelle, le corps est soit brûlé (on appelle cela « crémation »), soit enterré (« inhumé »).

La robe blanche est devenue populaire au XIXᵉ siècle.

CÉRÉMONIES MORTUAIRES

Les cérémonies qui entourent la mort sont très différentes d'un pays à l'autre : cela va d'un style sobre et contemplatif à des réunions où la tristesse s'exprime bruyamment. La musique peut jouer un rôle important : solennelle comme dans les messes de requiem anciennes, plus libre et proche du jazz, comme dans les Eglises noires américaines.

Funérailles à La Nouvelle-Orléans (Etats-Unis)

PRIÈRES PUBLIQUES
La plupart du temps, les chrétiens prient chez eux, mais cela peut se faire aussi en public : en cas de grave difficulté, ou avant un acte important, comme cette athlète priant avant de s'élancer, pour demander l'aide de Dieu et lui offrir son effort.

« En tout besoin, recourez à l'oraison et à la prière pénétrées d'action de grâces, pour présenter vos requêtes à Dieu »
(Paul aux chrétiens de Philippes)

(PHILIPPIENS 4,6)

LA CULTURE CHRÉTIENNE

Depuis l'origine, des artistes – peintres, écrivains, musiciens – ont entendu et transmis le message chrétien. Les églises les plus anciennes, décorées de fresques et de sculptures en témoignent, de même que la musique jouée pendant les services. Une grande partie de l'art occidental est d'inspiration chrétienne. La foi chrétienne s'étendant à travers le monde, son influence sur l'art a également franchi les frontières. Il y a peut-être moins d'artistes chrétiens aujourd'hui, cependant le christianisme continue à imprégner notre art, notre culture et notre vie quotidienne (dont le rythme suit le calendrier chrétien).

PROMESSE SOLENNELLE
Dans certains pays de culture chrétienne, la promesse la plus solennelle est un serment sur la Bible. Ce juge américain jure sur la Bible d'accomplir sa tâche le mieux possible.

UN MESSAGE QUI SE VOIT

Peintures, statues ou cathédrales qui semblent escalader le ciel : le christianisme a durablement marqué le monde des arts visuels. Beaucoup d'exemples fameux appartiennent au passé, mais certains artistes contemporains ornent des églises ou produisent des images chrétiennes populaires.

LE CHRIST DE RIO
Depuis 1931, la statue du *Christ rédempteur*, haute de près de 30 mètres, domine la baie de Rio de Janeiro. Elle a été sculptée par Carlos Oswaldo, en pierre à savon, pierre tendre mais résistante aux intempéries. Cette statue célèbre est devenue le symbole de la ville de Rio.

Les ailes sont inclinées vers l'avant, pour donner une impression d'accueil.

UN ANGE D'ACIER
L'*Ange du Nord* d'Antony Gormley, qui se dresse à Gateshead, en Angleterre, a des ailes aussi grandes que celles d'un jumbo-jet (environ 54 mètres). Cet ange moderne – il date de 1998 –, qui surplombe la route et la voie de chemin de fer, est offert à la vue de milliers de voyageurs. L'acier dont il est fait contient du cuivre, ce qui lui confère une belle couleur ocrée.

UNE GLOIRE LUMINEUSE

Courants depuis le Moyen Age, les vitraux illuminent l'intérieur des églises d'une riche lumière colorée. Cette spectaculaire *Fenêtre de la Gloire*, version moderne de l'antique tradition, a été installée en 1996 dans la Thanksgiving Chapel de Dallas (Etats-Unis). Elle est l'œuvre de Gabriel Loire, maître verrier français.

PAS ENCORE TERMINÉE

La plupart des cathédrales sont achevées depuis bien longtemps. Mais on en construit encore quelques-unes. Ainsi, à Barcelone, la célèbre *Sagrada Familia* de l'architecte catalan Antoni Gaudí (mort en 1926) a été commencée en 1880, et les travaux sont toujours en cours.

LES NEUF SAINTS

L'illustratrice et peintre new-yorkaise Laura James s'inspire volontiers de l'art éthiopien. Sa peinture des neuf saints que nous voyons ici nous introduit à l'histoire de ce pays, qui a une longue tradition d'art chrétien. Le christianisme s'est en effet répandu en Ethiopie dès le IVᵉ siècle.

ACTEURS DE LA PASSION

La Passion du Christ a souvent fait l'objet de pièces de théâtre, depuis les « mystères » du Moyen Age jusqu'à aujourd'hui. Dans la petite ville allemande d'Oberammergau, la Passion, régulièrement rejouée (maintenant, tous les dix ans) depuis 1663, est devenue un événement touristique.

MUSIQUE ET MUSIQUES

Depuis des siècles, la musique fait partie du culte, et au Moyen Age, bien des compositeurs étaient des moines, qui passaient leur vie à écrire et à jouer de la musique religieuse. Depuis toujours, cette musique a influencé d'autres musiques, comme les chants et danses populaires, mais l'influence des thèmes chrétiens s'est également étendue au théâtre et au cinéma.

DE LA SCÈNE À L'ÉCRAN

L'opéra rock *Jésus-Christ Superstar* a été monté en 1970 et le film a été tourné en 1973, avec des paroles de Tim Rice et une musique d'Andrew Lloyd Webber. C'est sans doute la plus populaire des mises en scène modernes de l'histoire chrétienne.

> *« Acclamez le Seigneur, toute la terre,*
> *servez le Seigneur dans l'allégresse,*
> *venez à lui avec des chants de joie ! »*
> *Hymne de louange*
>
> (PSAUME 100, 1-2)

UNE ÉPOPÉE AU CINÉMA

Les Dix Commandements de Cecil B. De Mille, tournés en 1956, racontent à leur manière comment Moïse guida le peuple d'Israël depuis l'Egypte jusqu'en Terre promise. Des acteurs connus (Yul Brynner pour Ramsès II et Charlton Heston pour Moïse) et des effets spectaculaires, comme l'ouverture des eaux de la mer Rouge, ont assuré un immense succès à ce film.

Au XVIIIe siècle, on composa beaucoup de « musique sacrée », des oratorios où se mêlent les parties pour chœur et les parties pour instruments. Parmi les plus célèbres, on compte *Le Messie* de Haendel et les *Passions* de Bach. Ce dernier composa aussi de nombreuses cantates. D'autres musiciens connus (comme Mozart) ou moins connus composèrent messes et motets.

Manuscrit original du *Messie* de Haendel

UN ÉVANGILE MÉLODIEUX
Aretha Franklin est la fille d'un prédicateur et chanteur de gospels de Detroit, aux Etats-Unis. Avant de commencer sa carrière, elle chantait dans la chorale de son père. Son disque *Amazing Grace* est un bon exemple de son style, enraciné dans la *gospel music*. Une autre chanteuse, Mahalia Jackson, a beaucoup contribué à populariser en Europe les *negro spirituals* – ces chants d'inspiration religieuse nés chez les esclaves noirs américains.

Chorale d'une église noire à Washington D.C. (Etats-Unis)

DIALOGUE MUSICAL
Les Eglises baptistes américaines sont le berceau de la *gospel music*, dans laquelle le prédicateur et la congrégation dialoguent en une émouvante conversation musicale. Cette musique a eu une grande influence sur la musique récente, soul et rock.

LE KING
Elvis Presley, légende du rock, a appris à chanter dans la chorale de son église et a été influencé par le style musical du gospel. En y ajoutant des rythmes de blues et de musique « country » typique, il lui a apporté une touche personnelle, le style original qui a fait son renom.

INDEX

NOTES

Dorling Kindersley tient à remercier : le Père Francis Baird, le Père Stephen Horton, Julian Brand, Valerie Brand, Sœur Susanna Mills, Sœur M. Anthony, Sœur Irene Joseph, le Révérend Malcom Allen, le Révérend Stephen Tyrrell, le Révérend Felicity Walters, Amber Mullins, les moines de l'abbaye de Prinknash à Cranham et les sœurs du Couvent de Poor Clares à Woodchester.

ICONOGRAPHIE

h = haut ; b = bas ; c = centre ;
g = gauche ; d = droite

AKG London : 6bd, 17hd, 19cb, 20bg, 21hg, 26hd, 33hg, 35hc, 36bc, 38hg, 38hc, 43h, 43h ; British Library 63h ; Erich Lessing 6hg, 7bc, 7cbd, 7d, 11bg, 15C, 18hd, 20hd ; alamy.com : 28bc ; Brian Harris 54b ; All Saints Church : 2hg, 26bd, 27hd, 27cg ; Ancient Art & Architecture Collection : 10cgb, 14d, 17hg, 61bd ; R. Sheridan 26hg, 27cd ; Arcaid : Alex Bartel 32hg ; Bridgeman Art Library, London/New York : 12cd, 21b, 25bd, 35bc, 35bd, 38c, 41cgb, 41bcg, 61bg ; Alte Pinakothek, Munich, Germany 41cgh ; American Museum, Bath, Avon 38cg ; Bibilioteque Mazarine, Paris 21cd ; Bible Society, London, UK 23hd, 23bd ; Biblioteca Publica Episcopal, Barcelona 49bc ; Bradford Art Galleries and Museums 34bg ; British Library, London, UK 24bd ; The Fine Art Society 38bg ; Instituto da Biblioteca Nacional, Lisbon 21cg ; Koninklijk Museum voor Schone Kunsten, Antwerp 49hd ; Musée Condé, Chantilly, France 26cg ; Museo di San Marco dell' Angelico, Florence, Italy 18bg ; Museum of the City of New York, USA 37hg ; National Museum of Ancient Art, Lisbon, Portugal 41c ; Private Collection 27bd ; Rafael Valls Gallery, London, UK 36chg ; Richardson and Kailas Icons, London 32chg ; Sixt Parish Church, Haute-Savoie, France 30c ; Victoria and Albert Museum, London 26bc ; Wesley's Chapel, London, UK 37hd ; British Library : 24hd, 24bg, 54c ; British Museum : 1c, 16d, 22ch, 29hd, 29hd, 42c, 43bd, 48hg, 59cd ; Corbis : 61hg ; Dallas and John Heaton 29bd ; Peter Turnley 63cd ; Philip Gould 59bd ; Danish National Museum : 14h ; DK Picture Library : Barnabas Kindersley 56hd, 56hd, 56hd, 56cg, 56bd, 57bg ; Mary Evans Picture Library : 12hd ; Florence Nightingale Museum : 32bc ; Getty Images : Allsport 60bg ; Sonia Halliday Photographs : 10c, 16bc, 19cgh, 21c ; Laura Lushington 9bd, 12cg ; Jewish Museum : 22b, 23bg ; Museum of London : 39ch, 39ch, 43cdh ; Museum of Order of St John : 45hd, 53bc, 54hg ; National Gallery, London : 16bg, 17bg, 17bd ; National Maritime Museum : 2b, 36bd ; National Museums of Scotland : 43bg ; Christine Osborne : 42hcg, 58bg ; Liam White 47hd ; Panos Pictures : Adrian Evans 36cg ; Alain le Garsmeur 39cdh ; Jan Hammond 39c ; Eric Miller 60bd ; Chris Sattlberger 37cd, 59hd ; Paul Smith 39bd ; The Picture Desk : Art Archive Monastery of Santo Domingo de Silas, Spain/ Dagli Orti (A) 17ch, Diocesan Museum, Vienna/ Dagli Orti 31bd ; Pictorial Press Ltd : 62bg, 62bd ; Powerstock Photolibrary : 33hd ; Prinknash Abbey, Gloucestershire, UK : 44cd, 50bd, 51bg ; Robin W. Symons 46c ; Zev Radovan, Jerusalem : 10bd, 20d, 22hg, 22c ; Royal Museum of Scotland : 51hg ; Russian Orthodox Church, London : 32c, 33c ; Saint Bride Printing Library : 34c ; Scala Group S.p.A. : 8bg, 10hg, 10hd, 14bg, 15bd, 18bd, 19hd, 20cg, 35hd, 42hg ; Pierpont Morgan Library/Art Resource 10cg ; Science Museum : 40c ; Sir John Soane's Museum : 4chg, 50cbd ; South of England Rare Breeds Centre : 7bg ; Tearfund : Jim Loring 41bd ; Topham Picturepoint : 19bc, 60hd, 60c, 62h ; Image Works 63bg ; UPPA Ltd 63bd ; Wallace Collection : 28hg, 28g, 34cg, 40cg, 41h ; Warburg Institute : 54h ; York Archaeological Trust : 20hg.
Couverture : © Dorling Kindersley ltd pour tous les documents sauf 1er plat centre : © Bridgeman Art library et dos : ©AKG, Paris.

Nous nous sommes efforcés de retrouver les propriétaires des copyrights. Nous nous excusons pour tout oubli involontaire. Nous effectuerons toute modification éventuelle dans nos prochaines éditions.